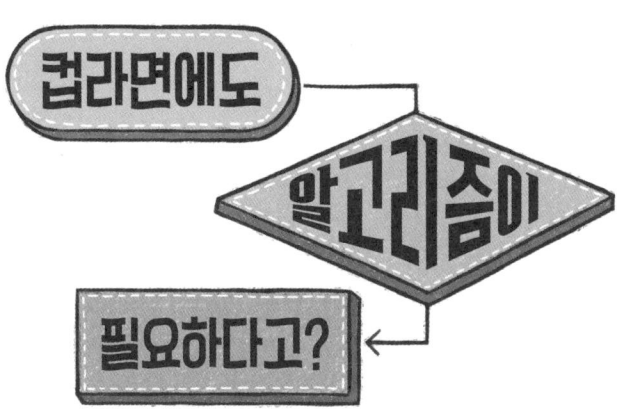

세상을 바꾼
과학 용어 사전

컵라면에도 알고리즘이 필요하다고?

김용관 글 | 이창우 그림

세상을 바꾼 과학 용어 사전

사□계절

작가의 말

과학을 즐겁게 공부하기 위한 첫걸음, 과학 용어

섭씨 28도처럼 온도를 말할 때 '섭씨'라는 말을 덧붙이곤 하죠? 어렸을 적에 농담 삼아 섭 씨 성을 가진 사람이 만들었다며 떠들어대곤 했었어요. 친구들도 같이 웃었고요. 그런데 나중에 알고 보니 섭씨가 진짜 사람의 성이더라고요. 그 온도계를 만들어 낸 사람의 성 '셀시우스'를 중국식으로 표기한 거였죠. 헉! 어릴 적 제 농담이 사실이었던 거예요.

과학에는 섭씨처럼 흥미로운 사연이 깃들어 있는 용어들이 의외로 많답니다. 특히 수나 수학과 관련된 용어가 많아요. 과학이 최대한 객관적으로 사고하려다 보니 자연스럽게 수학을 활용하게 된 거죠. 수학이 가장 논리적인 학문이잖아요.

'알고리즘'이란 말, 자주 들어 보셨죠? 요즘 알고리즘은 온라인에서 취향에 맞는 콘텐츠를 추천해 주는 '추천 알고리즘'의 뜻으로 많이 사용돼요. 그런데 알고리즘의 원래 뜻은 '어떤 문제를 해결하기 위해 정해진 일련의 절차나 방법'이랍니다. 간단한 컵라면을 조리하는 데에도 컵라면을 만드는 나만의 알고리즘이 있을 수 있어요.

알고리즘은 '알콰리즈미'라는 수학자 이름에서 비롯되었어요. 알콰리즈미가 수학 문제를 풀어 가는 과정을 보고 그 절차와 방법을 '알고리즘'이라고 불렀어요. 이제는 컴퓨터 프로그래밍 관련해서 많이 사용돼요. 알고리즘을 짤 때 그 데이터는 대부분은 수이고, 그 데이터를 처리하는 건 수학이에요.

이 책은 섭씨온도처럼 흥미로운 사연이 깃들어 있거나, 알고리즘처럼 수나 수학과 관련이 있는 과학 용어들을 모아 놓았어요. 그리고 그 용어들을 5개 분야로 나눠 담았어요. '미터'나 '치수' 같은 단위나 측정 관련 용어들, '시·분·초'나 '축척' 같은 시간이나 공간 관련 용어들, '원소'나 '기후' 같은 자연 관련 용어들, '디지털'이나 '알고리즘' 같은 기술 관련 용어들, '블랙홀'이나 '평행 우주' 같은 우주 관련 용어들!

과학은 이미 세상을 바꾸는 가장 중요한 축이 되었어요. 그 과학을 즐겁게 공부하기 위한 첫걸음, 바로 '과학 용어'입니다. 이 책은 과학 용어들을 더욱 선명하고 생생하게 보여 줄 겁니다. 독자들에게 큰 도움이 되기를 희망해 봅니다. 이 책이 나오기까지 애써 주신 편집자님을 비롯한 출판사 가족들에게 깊은 감사를 드립니다.

2025년 11월

김용관

차 례

작가의 말 …… 4

1부 단위와 측정

01 **도량형** 왕들은 왜 도량형을 통일하려고 했을까? … 10

02 **미터** 1미터는 어떻게 정해졌을까? … 12

03 **인치** 1인치는 몇 센티미터일까? … 14

04 **캐럿** 다이아몬드 1캐럿은 얼마만 할까? … 16

05 **섭씨** 섭씨가 사람의 성이라고? … 18

06 **척도** 세상에는 다양한 척도가 있다고? … 20

07 **치수** 지구의 크기는 왜 '치수'라고 하지 않을까? … 22

2부 시간과 공간

08 **시각** 시각과 시간의 차이는 뭘까? … 26

09 **시/분/초** 1시간은 60분, 1분은 60초인 이유는 뭘까? … 28

10 **양력/음력** 음력은 왜 양력과 날짜가 다를까? … 30

11 **세대** 세대를 나누는 기준이 있을까? … 32

12 **방위** '사방팔방'이라는 말에 동서남북이 숨어 있다고? … 34

13 **수평** 수평과 바다의 수평선이 관련이 있다고? … 36

14 **거리** 지도상의 거리와 내비게이션 거리는 왜 다를까? … 38

15 **축척** 지도의 축척이 크다는 건 어떤 의미일까? … 40

16 **메르카토르 도법** 세계 지도에 함정이 있다고? … 42

3부 자연

17 박테리아 박테리아와 바이러스는 뭐가 다를까? … 46

18 원소 쇳덩어리를 금덩어리로 바꿀 수 있을까? … 48

19 원자/분자 원자와 분자 중 어느 게 더 클까? … 50

20 기후 날씨와 기후의 차이는 뭘까? … 52

21 영상/영하 영상과 영하를 나누는 기준이 있을까? … 54

22 태양의 고도 하루 중 햇볕이 가장 강할 때는 언제일까? … 56

23 가속도 속도와 가속도의 차이는 뭘까? … 58

24 매직 넘버 스포츠 경기에서는 왜 '매직 넘버'라는 말을 쓸까? … 60

4부 기술

25 디지털 디지털 방식과 아날로그 방식의 차이는 뭘까? … 64

26 컴퓨터 컴퓨터는 원래 사람이었다고? … 66

27 알고리즘 컵라면 조리에도 알고리즘이 필요하다고? … 68

28 반도체 컴퓨터에 반도체가 필요한 이유는 뭘까? … 70

29 화소 사람의 시력을 카메라 화소로 나타낸다면? … 72

30 해상도 화면이 선명한 정도는 어떻게 표현할까? … 74

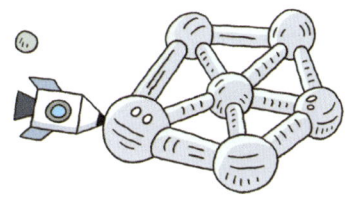

5부 우주

31 가설 검증할 수 없으면 과학적 가설이 아니라고? … 78

32 공간 비어 보이는 공간에도 사실 무언가 있다고? … 80

33 차원 3차원과 4차원 말고 3.5차원도 있을까? … 82

34 블랙홀 블랙홀에 빨려 들어가면 어떻게 될까? … 84

35 평행 우주 또 다른 내가 살고 있는 평행 우주가 정말 있을까? … 86

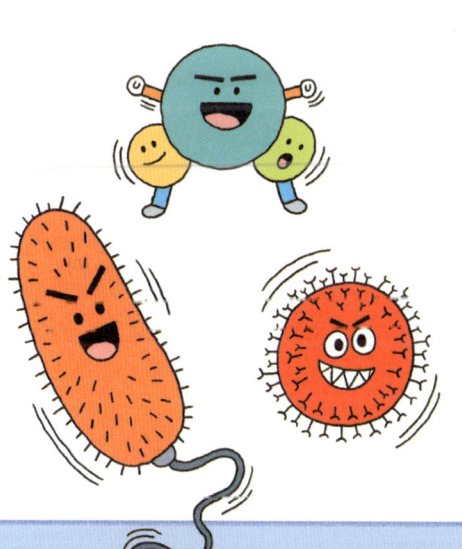

1부
단위와 측정

1부/ 단위와 측정

01

도량형

왕들은 왜 도량형을 통일하려고 했을까?

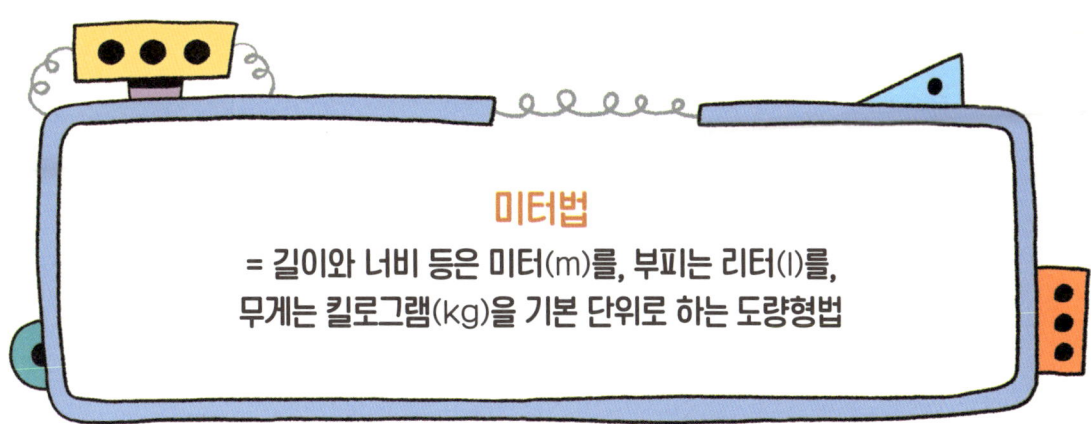

미터법
= 길이와 너비 등은 미터(m)를, 부피는 리터(l)를, 무게는 킬로그램(kg)을 기본 단위로 하는 도량형법

　세종대왕, 중국의 진시황, 프랑스의 나폴레옹은 도량형을 통일한 대표적인 인물이에요. 도량형(度量衡)은 원래 길이와 부피, 무게를 측정하던 도구였어요. 도(度)는 길이 측정 도구인 '자', 량(量)은 부피 측정 도구인 '되', 형(衡)은 무게 측정 도구인 '저울'을 뜻해요. 그래서 길이, 부피, 무게 따위를 측정하는 방법을 '도량형'이라고 한답니다.

　영토를 통일한 왕들은 그다음으로 도량형을 통일하고자 했어요. 왜 그랬을까요? 세금으로 쌀을 거둔다고 생각해 보세요. 지역마다 무게 단위가 다르면 쌀을 거두고 합산하는 데 불편함이 많았을 거예요. 단위를 통일했더라도 그 단위의 크기까지 똑같아야 해요. 안 그러면 내는 세금의 양이 지역마다 달라 백성들의 원성이 높아질 거예요.

　나라를 다스리는 데 도량형의 통일은 필수적이었어요. 조선시대의 암행어사(임금의 명령을 받아 지방 관리를 감독한 임시 관리)는 표준이 되는 자를 가지고 다녔다고 하죠. 지방 관리들이 단위의 크기를 마음대로 바꿔 백성들을 착취하는지 보려고요.

　고대에는 사람의 손이나 발이 길이 측정 도구로 많이 사용되었어요. 왕의 팔 길이가 길이의 단위가 되기도 했죠. 현재 기장 널리 사용되는 도량형은 '미터법'이에요.

미터

1미터는 어떻게 정해졌을까?

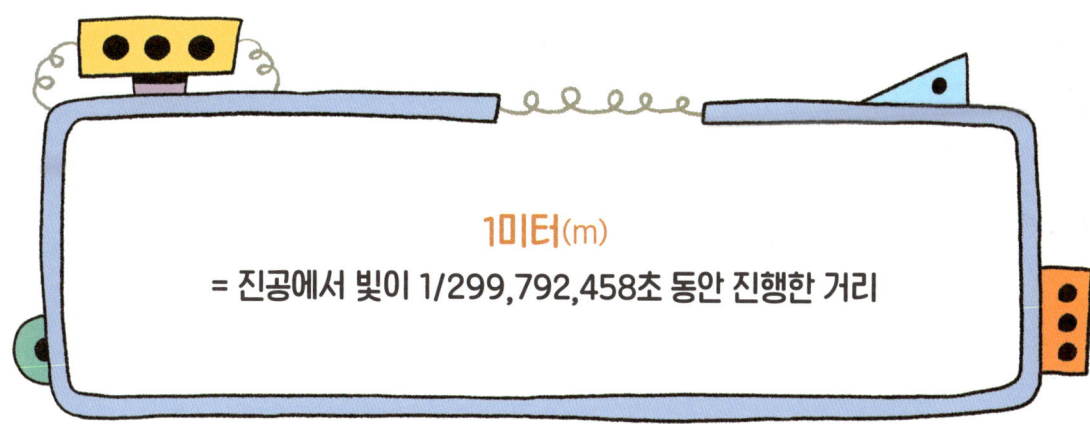

1미터(m)
= 진공에서 빛이 1/299,792,458초 동안 진행한 거리

밀리미터(mm), 센티미터(cm), 킬로미터(km)를 보면 각 단위에 '미터(m)'가 들어가 있어요. 1미터를 기준으로 밀리미터는 1/1000(0.001)미터, 센티미터는 1/100(0.01)미터, 킬로미터는 1000미터예요.

미터는 세계적으로 통용되는 길이의 단위예요. 옷이나 신발을 주문한다고 생각해 보세요. 지역마다 단위가 다르면 나에게 딱 맞는 사이즈를 고르기 어려워요. 단위를 통일하는 게 좋아요. 그런 표준 단위로 프랑스에서 제안한 게 미터였어요. 그런데 1미터의 길이를 정하려고 하자 문제가 발생했어요. '무엇을 1미터로 삼을 것인가'를 정하는 게 쉽지 않았어요.

맨 처음 1미터는 '북극에서 적도까지 거리의 천만분의 1'로 정의되었어요. 그런데 그 거리가 경선(북극과 남극을 연결하는 지구 표면 위의 세로선)에 따라 조금씩 달랐어요. 그래서 백금과 이리듐의 합금으로 만든 1미터짜리 원기(도량형의 표준이 되는 기구)를 만들기도 했어요. 그런데 그 원기마저도 기온에 따라 길이가 미세하게 변했어요. 그래서 최종적으로 주목한 게 '빛'이었어요. 빛의 속도는 어디에서나 일정하다는 과학적 사실이 적용된 거죠. 진공에서 빛이 1/299,792,458초 동안 진행한 거리가 지금의 1미터랍니다.

1부/ 단위와 측정

03 인치

1인치는 몇 센티미터일까?

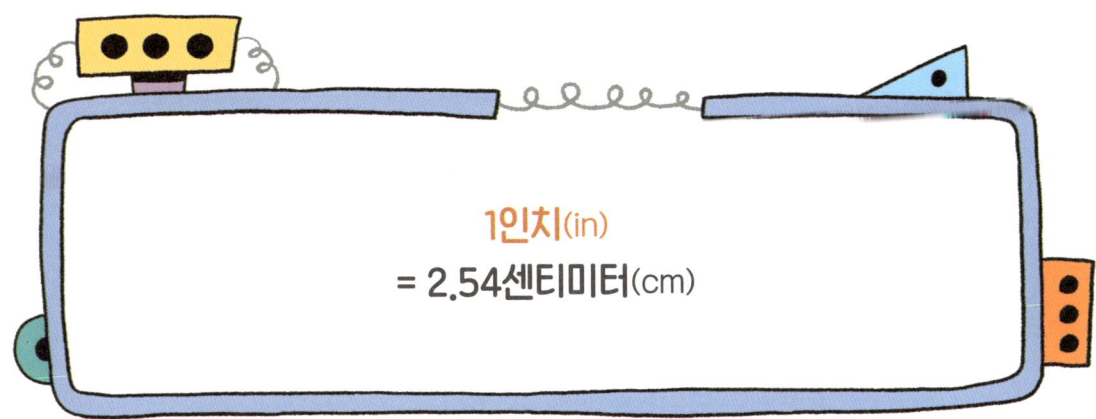

우리나라는 미터를 사용하기 때문에 보통은 인치(in)를 쓰지 않아요. 그래도 인치를 쓰는 경우가 있어요. 텔레비전이나 노트북, 태블릿 PC 같은 제품의 화면 사이즈를 말할 때 인치를 써요. 보통 태블릿 PC는 10인치 내외이고, 텔레비전은 100인치 정도까지 커지고 있죠. 인치가 잘 사용하지 않는 단위다 보니 그 크기가 어느 정도인지 감을 잡기가 어려워요.

인치는 12분의 1을 뜻하는 라틴어 '운키아(uncia)'에서 유래했답니다. 1인치가 약 30.48센티미터인 1피트의 12분의 1이기 때문이에요. 1인치는 2.54센티미터예요.(2.54×12=30.48) 옛날에는 성인 엄지손가락 첫 번째 마디의 길이를 1인치로 간주했다고 해요.

텔레비전이나 노트북 사이즈를 가늠할 때 주의할 게 있어요. 그 사이즈는 화면의 가로나 세로 길이가 아니에요. 화면의 대각선 길이를 말해요. 이런 방식은 1940년대 미국에서 시작되었어요. 텔레비전 사이즈가 출발점이었죠. TV의 부품인 브라운관의 크기가 대각선으로 측정되던 방식을 이어받았어요. 화면의 가로와 세로 길이 비는 제품마다 달랐기 때문에 대각선의 길이가 화면 크기를 가늠해 보기에 더 적절했다고 해요.

04 캐럿

다이아몬드 1캐럿은 얼마만 할까?

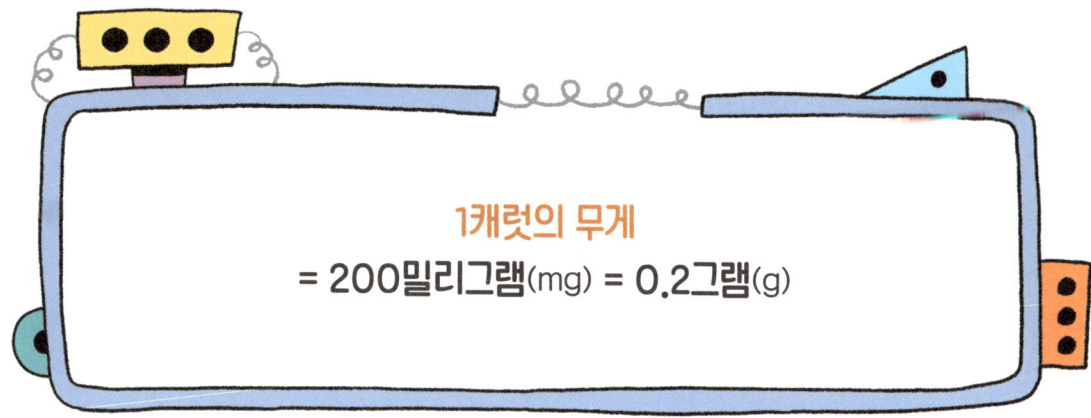

1캐럿의 무게
= 200밀리그램(mg) = 0.2그램(g)

다이아몬드는 아름다울 뿐만 아니라 모양이 변치 않아서 영원한 사랑을 기약하는 반지에 많이 쓰이죠. 다이아몬드의 무게 단위는 그램(g)이나 밀리그램(mg)이 아니에요. '캐럿(carat)'이라는 특별한 단위를 사용한답니다.

캐럿은 다이아몬드 같은 보석의 무게를 나타내는 단위예요. 1캐럿만 되어도 가격이 몇백만 원에서 몇천만 원에 이르죠. 1캐럿의 무게는 얼마나 될까요? 200밀리그램이랍니다. 1그램이 1000밀리그램이므로, 1캐럿은 0.2그램이겠네요. 사이즈는 보통 6밀리미터 정도라고 해요. 다이아몬드 1캐럿은 아주 작고 가벼워요.

다이아몬드는 보통 흰색이지만 흰색이 아닌 것도 있어요. '골든 카나리아'라는 노란색 다이아몬드는 세계 최대의 무결점 다이아몬드인데, 303캐럿이라고 해요. 303이니까 꽤 클 것 같지만 60그램 정도밖에 안 돼요. 45그램 정도인 골프공보다 조금 더 무거워요.

캐럿이란 말은 '캐럽(carob)'이라는 나무의 이름에서 만들어졌다고 해요. 이 나무의 씨앗은 크기와 무게가 거의 일정하답니다. 그래서 보석의 무게를 재는 도구로 사용되었고, 그 말이 아예 보석의 단위가 되었다고 해요. 다이아몬드가 영원한 만큼, 캐럿이란 말도 영원하겠네요. 영어 단어 carrot(당근)과 발음은 같지만 철자가 달라요.

1부 / 단위와 측정

섭씨

섭씨가 사람의 성이라고?

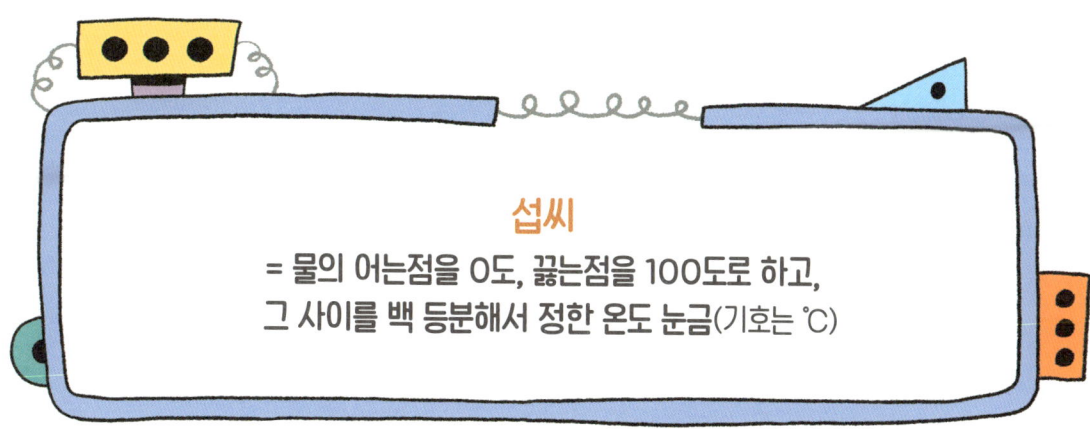

섭씨
= 물의 어는점을 0도, 끓는점을 100도로 하고,
그 사이를 백 등분해서 정한 온도 눈금(기호는 ℃)

우리나라는 여름철 기온이 영상 30도를 넘고, 겨울철 기온은 영하로 내려가요. 이처럼 우리나라에서 일상적으로 사용하는 온도 단위는 '섭씨(℃)'예요. (화씨(℉) 같은 다른 온도 단위도 있어요.)

놀랍게도 '섭씨'는 그 온도 체계를 만들어 낸 사람의 성을 딴 것이랍니다. 그 사람은 스웨덴의 천문학자인 안데르스 셀시우스(Anders Celsius)예요. 섭씨는 '셀시우스'라는 발음을 중국 한자로 나타낸 '섭이사(攝爾思)'에서 유래했어요. 섭씨의 기호가 ℃인데, 셀시우스의 알파벳 첫 글자 C를 사용한 거예요.

셀시우스는 1742년에 물의 어는점과 끓는점을 정하고, 그 사이를 100개의 구간으로 나누는 방식을 제안했어요. 신기하게도 지금과는 반대로 끓는점이 0도, 어는점이 100도였다고 해요. 그러면 지금의 영하에 해당하는 온도는 100이 넘는 수로 표현되었겠네요.

그렇게 한 이유가 있었다고 해요. 온도 표기에 가급적 양수를 사용하기 위해서였어요. 아마도 추운 스웨덴의 기후도 영향을 미쳤을 거예요. 그러다 후대의 과학자들이 방식을 바꿨어요. 지금처럼 따뜻해질수록 0도에서 100도로 올라가게 한 거죠.

06 척도

세상에는 다양한 척도가 있다고?

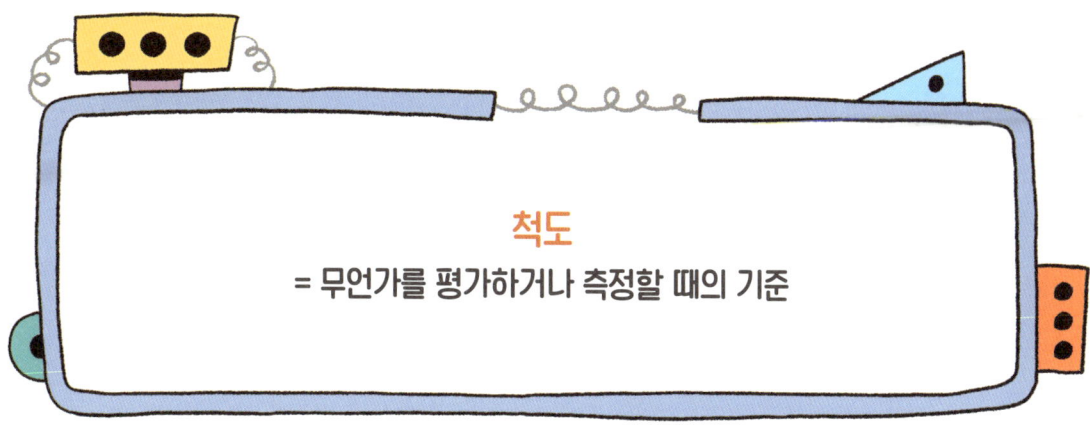

척도
= 무언가를 평가하거나 측정할 때의 기준

　삼척동자란, 키가 3척 정도밖에 되지 않는 어린아이를 말해요. 척(尺)은 예전에 사용되었던 길이의 단위로, 약 30센티미터 정도랍니다. ('자'라고도 했어요.) 그러니까 삼척동자는 키가 90센티미터 정도 되는 어린아이라는 뜻이에요.

　30센티미터는 일상에서 뭔가를 측정하는 기준으로 쓰기 딱 좋아요. 너무 크지도 않고 작지도 않아요. 요즘에도 30센티미터 자를 많이 쓰잖아요. 그래서 사람들은 이 척을 무언가를 측정하기 위한 기준을 뜻하는 말로도 사용했어요. 그게 '척도'랍니다.

　척도는 무언가를 평가하거나 측정할 때의 기준을 말해요. 섭씨는 온도의 척도이고, 분이나 초는 시간의 척도예요. 서양의 한 철학자는 인간을 '만물의 척도'라고 표현하기도 했어요.

　분야마다 다양한 척도가 존재해요. 과학은 어떤 사실을 알아내기 위해 대상을 수로 측정해요. 그리고 그 데이터를 기반으로 어떤 결론을 얻어 내고 증명해 가죠. 척도는 과학에서 꼭 필요해요.

1부/ 단위와 측정

치수

지구의 크기는 왜 '치수'라고 하지 않을까?

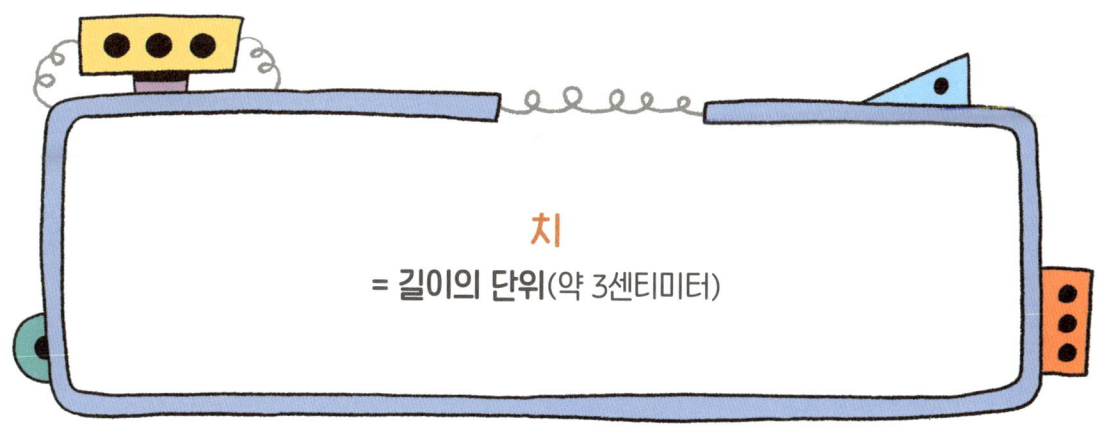

치
= 길이의 단위(약 3센티미터)

신발이나 옷 크기를 말할 때 '치수'라는 말을 사용하곤 해요. 그런데 '지구 치수' 또는 '우주 치수'라고 말하지는 않아요. 왜 그럴까요? 그 이유는 '치'라는 말에 담겨 있어요.

치는 주로 옛날에 쓰던 길이의 단위로, 약 3센티미터 정도로 아주 짧아요. 그래서 크기가 크지 않은 물체의 측정에 사용되었어요. 신발이나 옷처럼요. '치'가 포함된 대표적인 말이 '세 치 혀'예요. 길이가 세 치 정도 되니까 약 9센티미터 정도겠네요.

과학에서는 물체의 길이를 자주 측정해요. 원자 같은 작은 물질부터 우주처럼 어마어마한 크기의 공간까지 측정 가능한 것은 모두 측정하죠. 그때 꼭 필요한 게 측정의 단위예요. 만약 단위가 미터 하나라면, 지구나 우주의 크기는 너무 큰 숫자로 표현될 거예요. 반대로 원자나 분자의 크기는 엄청나게 작은 숫자로 표현되고요. 그래서 크기가 작은 물체에는 작은 단위를, 큰 물체에는 큰 단위를 사용하는 게 좋아요. '치'는 3센티미터 정도여서 크지 않은 일상적인 물체 측정에 주로 사용되었어요. 그래서 신발이나 옷의 치수라고는 해도 지구나 우주의 치수라고는 안 하는 거랍니다. 다양한 단위를 알아 두어 상황에 맞게 활용해 보세요.

2부

시간과 공간

시각

시각과 시간의 차이는 뭘까?

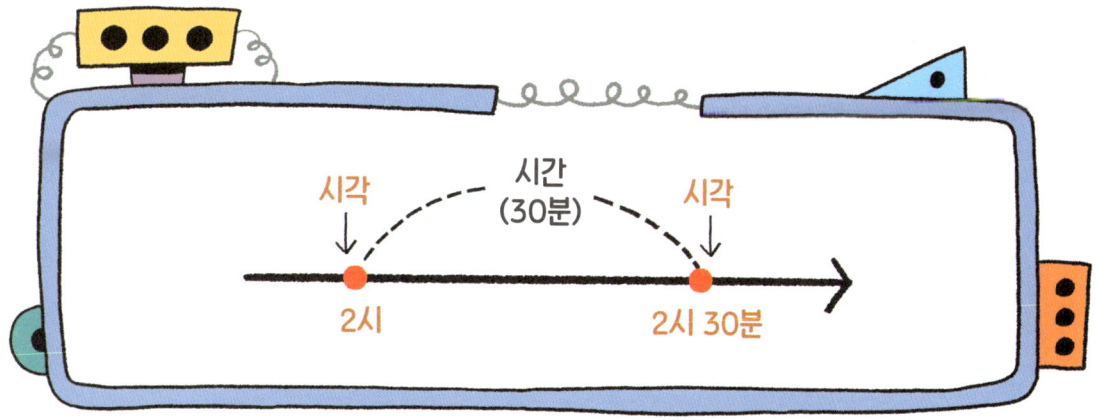

　시각은 '시간의 어느 한 시점'을 말해요. 지금 시간이 2시 30분이라고 할 때, '2시 30분'은 시각이에요. 그리고 2시와 2시 30분 사이의 간격인 30분, 그게 시간이에요. 시각이 점이라면, 시간은 길이가 있는 선분이에요. 하지만 보통은 시각을 말할 때도 시간이라는 말을 사용하죠.

　시각은 조선 시대에 사용되었던 시간 단위인 '시(時)'와 '각(刻)'을 합친 말이에요. 그때는 하루를 열두 개의 시로 나눴어요. '자, 축, 인, 묘, 진, 사, 오, 미, 신, 유, 술, 해'라고 불렀죠. 시 하나는 지금의 두 시간이었어요. 그 시 하나를 여덟 개로 나눈 시간 단위가 각이었어요. 그러니까 1각은 15분 정도였죠.(60분×2÷8=15분) 여덟 개의 각에는 일각, 이각, 삼각, 반각, 오각, 육각, 칠각, 정각이라는 이름이 붙었어요. '열두 시 정각'처럼 정각이란 말은 지금도 사용되고 있죠.

　인류는 과학의 발전을 통해 시각을 더 정확하게 말할 수 있게 되었어요. 시각을 알려면 시계가 필요해요. 기계식 시계가 나오기 전에는 해와 물 같은 자연 현상을 이용했어요. 하지만 시간 단위도 크고 시각이 정확하지 않았죠. 기계식 시계가 등장하면서 시각을 더욱 정밀하게 잴 수 있게 됐어요. 지금은 몇천 또는 몇만 분의 1초를 나누는 스포츠 경기의 결과를 정확하게 판정할 수 있어요. 2024년 7월 미국에서는 원자핵을 활용한 시계를 만들었는데 300억 년 동안 1초 정도의 오차만 발생할 정도로 정확하다고 해요.

2부 / 시간과 공간

09 시/분/초

1시간은 60분, 1분은 60초인 이유는 뭘까?

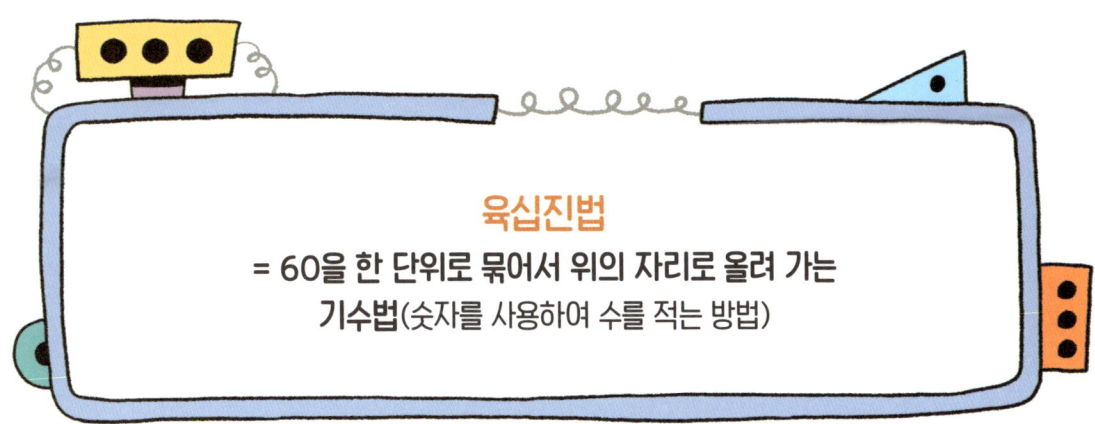

육십진법
= 60을 한 단위로 묶어서 위의 자리로 올려 가는
기수법(숫자를 사용하여 수를 적는 방법)

'시', '분', '초'는 시간의 단위예요. 분과 초는 기계식 시계가 등장하면서 본격적으로 사용되었어요. 기계식 시계는 13세기경 서양에서 처음 등장했다고 해요.

라틴어로 분은 '첫 번째로 작은 부분', 초는 '두 번째로 작은 부분'이라는 뜻이었어요. 1시간을 60개로 나눈 게 1분, 또 1분을 60개로 나눈 게 1초예요. 왜 '60'으로 나눌까요? 60을 한 단위로 묶어서 위의 자리로 올려 가는 육십진법을 사용하기 때문이에요.

초보다 더 작은 시간의 단위가 있을까요? 물론 있어요. 1초를 '10을 스물 네 번 곱한 만큼의 수'로 나눈 단위도 있어요. 과학에서 아주 짧은 시간으로 유명한 게 '플랑크 시간'이에요. 아주 짧은 거리로 알려진 플랑크 길이를, 아주 빠른 빛이 이동하는 데 걸리는 시간이에요. 물리적으로 존재할 수 있는 가장 짧은 시간으로 알려져 있어요. 1초를, 10을 마흔 네 번 곱한 수만큼 나눴을 때의 시간이에요. 그 시간을 측정할 수 있을 정도로 정확한 시계는 아직 만들어지지 않았어요. 그래도 과학이 발달해 언젠가는 그렇게 짧은 시간으로 세상을 측정하게 되는 날이 올 거예요. 시계의 과학에는 아직도 발전할 여지가 많이 남아 있어요.

양력/음력

음력은 왜 양력과 날짜가 다를까?

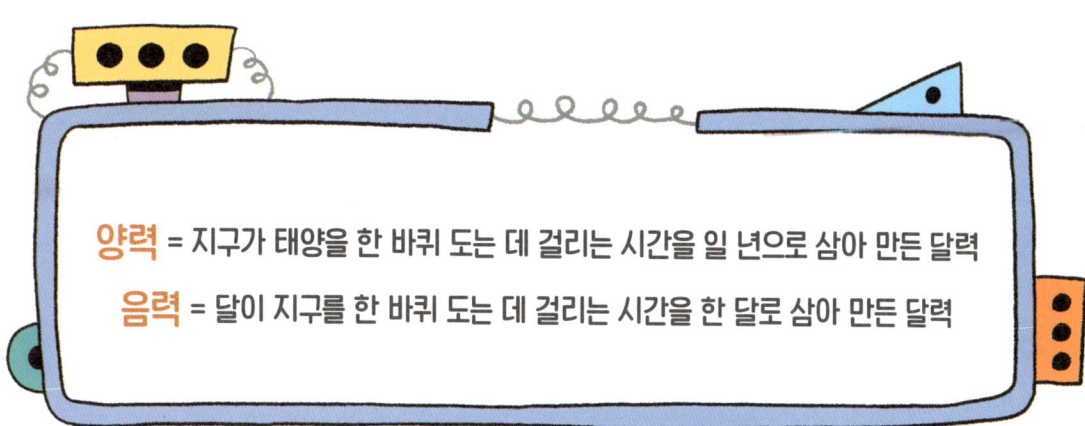

양력 = 지구가 태양을 한 바퀴 도는 데 걸리는 시간을 일 년으로 삼아 만든 달력
음력 = 달이 지구를 한 바퀴 도는 데 걸리는 시간을 한 달로 삼아 만든 달력

   달력을 보면 숨은 그림 찾기라도 하듯이 음력이 작게 쓰여 있어요. 음력은 우리나라에서 예전에 사용하던 달력이에요. 밤하늘을 밝게 비추는 달을 기준으로 했죠. 달의 주기에 맞춰 한 달이 29일 또는 30일이에요. 양력은 서양에서 도입된 달력으로, 태양을 기준으로 해요. 지구가 태양을 한 바퀴 도는 데 걸리는 시간을 12개월로 나눈 거예요. 우리나라는 양력을 1896년부터 사용했어요. 그렇다고 기존의 음력을 폐지한 것은 아니었어요. 음력이 우리나라의 계절에 맞는 절기를 알려 주니까요.
   양력과 음력에서의 '양(陽)'과 '음(陰)'은 '양수'와 '음수'라는 말의 양, 음과 같아요. 양수와 음수는 이익과 손해, 지상과 지하처럼 서로 대조되는 성질을 가지고 있어요. 고대부터 양과 음은 대조되는 두 개의 대상이나 성질을 표현하는 데 사용되었어요.
   양력은 음력에 비해서 시간적인 오차가 더 적어요. 태양의 실제 1년 주기는 약 365.2422일이에요. 그런데 양력은 보통 1년이 365일이에요. 0.2422일, 약 여섯 시간의 오차가 발생해요. 그래서 4년마다 하루를 더 넣어 줘요. 그게 2월 29일이죠.
   음력은 1년이 약 354일 정도예요. 1년에 11일 정도의 오차가 발생해요. 이 오차를 메우기 위해 2, 3년마다 한 달을 통째로 넣어 줘요. 그게 윤달이에요. 이제 양력을 사용하기 때문에 음력으로 생일을 기념할 경우 매년 날짜의 변농이 심할 수밖에 없어요.

11 세대

2부/ 시간과 공간

세대를 나누는 기준이 있을까?

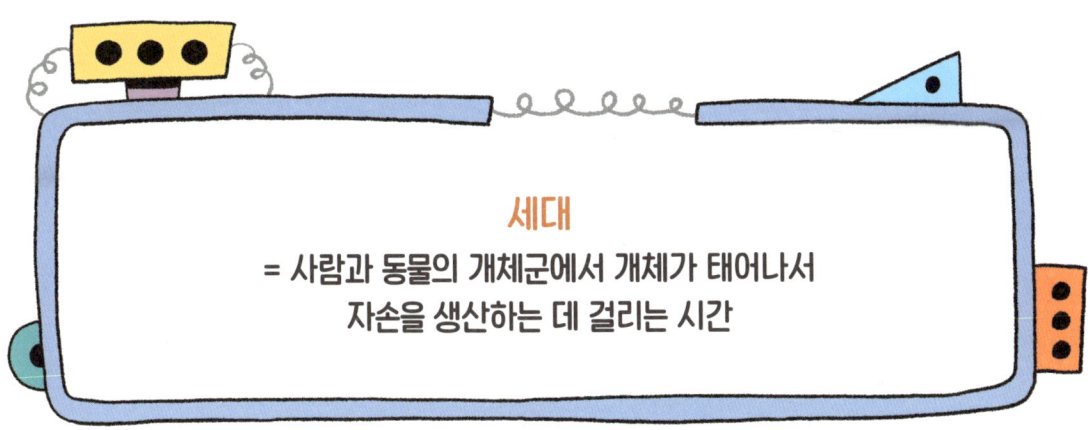

세대
= 사람과 동물의 개체군에서 개체가 태어나서 자손을 생산하는 데 걸리는 시간

핸드폰이나 컴퓨터 같은 전자 제품에 '세대'라는 말을 자주 써요. 제품이 새롭게 출시될 때마다 6세대, 7세대처럼 수를 높여 가요. 신제품이 이전 제품과 차이가 크게 나면 새로운 이름으로 불리기도 해요. 사람으로 따지면 MZ 세대, 알파 세대라는 말도 있어요. 기성세대와는 다른 새로운 세대를 부를 때 써요.

세대는 생물이 태어나서 다음 생물로 이어지는 주기를 뜻해요. 사람으로 치면 태어나서 자식을 낳기까지 걸리는 대략적인 시간이죠. 보통 30년 정도예요. 생물학에서는 그 시간을 '세대 시간'이라고 불러요.

세대 시간은 생물마다 달라요. 그린란드상어는 세대 시간이 150년 정도로 추정된다고 해요. 세대 시간이 가장 짧은 건 뭘까요? 세균이나 박테리아 같은 미생물이에요. 대장균의 경우 20분 정도라고 해요. 20분마다 자식을 낳을 수 있는 거죠. 미생물은 세대 시간이 보통 몇십 분에서 몇 시간이에요. 그래서 금방 증식해 버려요.

12 방위

'사방팔방'이라는 말에 동서남북이 숨어 있다고?

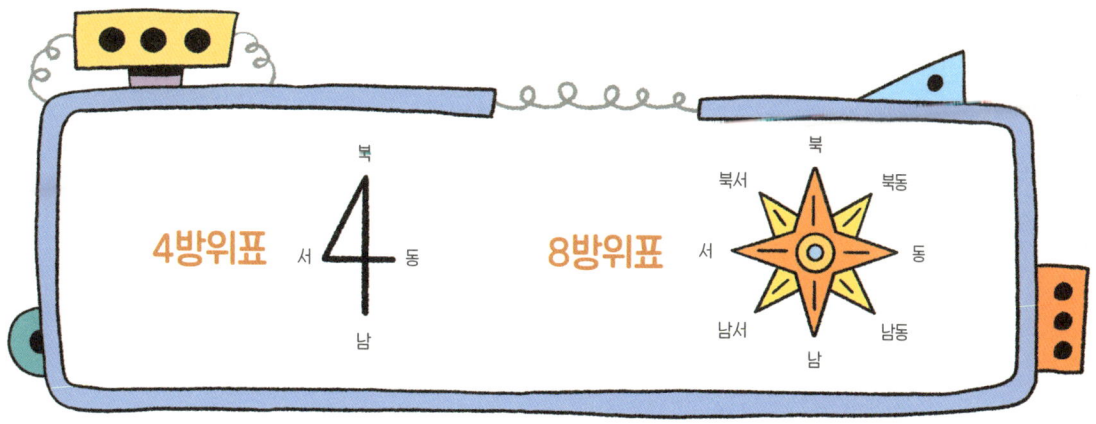

　동, 서, 남, 북의 네 방향을 기준으로 하여 나타내는 어느 쪽의 위치를 '방위'라고 해요. 4방위표와 8방위표가 흔히 사용돼요. 4방위표는 방위를 동, 서, 남, 북 4개로 말하는 거예요. 영어에서는 북, 남, 동, 서(North, south, east and west)로 우리와는 순서가 달라요. 8방위표는 동서남북을 기본으로 하되, 그 사이에 '북서', '북동'처럼 방위를 하나씩 더 추가한 거예요. 방위를 더욱 세밀하고 정확하게 말할 수 있어요.

　여기저기를 말할 때 '사방팔방'이라고 해요. 사방팔방은 네 개 또는 여덟 개의 방향이란 뜻으로, '여기저기 모든 방향이나 방면'을 말해요. '사방'만으로는 그 느낌이 약해 '팔방'을 덧붙여 강조한 듯해요. 아예 더 큰 수인 100을 덧붙인 '백방'이라는 말도 있어요. 온갖 방법이나 방면을 말해요.

　과학에서는 16방위표, 32방위표, 64방위표까지도 사용해요. (하지만 100방위표는 없어요.) 4방위표는 360도를 네 부분으로 나눈 것이기에 방위 간의 각도가 90도예요. 8방위표는 45도, 16방위표는 22.5도, 32방위표는 11.25도예요. 각도가 작아지는 만큼 방향을 더 정밀하게 나타낼 수 있어요.

2부 / 시간과 공간

13 수평

수평과 바다의 수평선이 관련이 있다고?

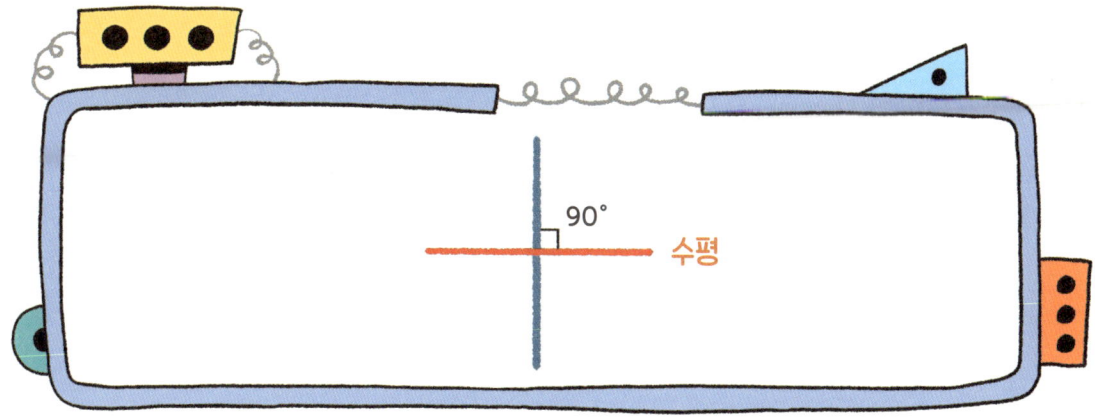

　수평은 '기울지 않고 평평한 상태'예요. 바다의 수평선을 보세요. 이쪽이든 저쪽이든 높이가 차이 나지 않아요. 그래서 동등한 관계를 '수평 관계'라고 표현하죠.

　수평(水平)은 물(水)이 평평하다(平)는 뜻이에요. 컵에 물을 넣고 막 저은 후 가만히 둬 보세요. 시간이 지나면 물이 잠잠해지면서 평평해집니다. 균형을 이룬 양팔 저울처럼 높이가 다 똑같아져요. 그게 수평인 상태예요. 그래서 건물을 지을 때 평평한지를 확인하기 위해 사용하는 수평기에는 액체가 담겨 있답니다. 그 액체의 상태로 수평을 확인해요.

　왜 평평한 상태를 물과 같은 액체로 표현하는 걸까요? 중력이 작용하면 액체는 겉면 높이가 평균적으로 같아지기 때문이에요. 수평선도 결국 중력의 작품인 거죠. 수평은 수직과 쌍을 이뤄요. (하지만 수직의 '수'는 물 수(水)가 아니에요.) 수직선은 수평선과 90도를 이뤄요. 수평선을 알면 수직선도 알 수 있어요. 바다의 수평선을 보면서 수선(일정한 직선이나 평면과 직각을 이루는 직선)을 그어 보세요. 그 방향이 바로 지구 중심을 향하는 중력의 방향이에요.

2부/ 시간과 공간

거리

지도상의 거리와 내비게이션 거리는 왜 다를까?

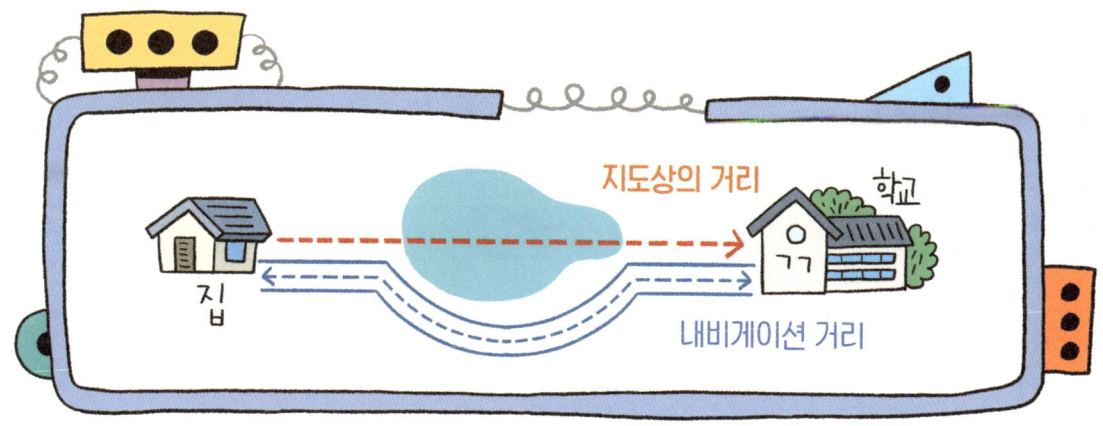

집에서 학교까지의 거리란, '집과 학교가 얼마나 떨어져 있는가'를 말해요. 그런데 지도상에서의 거리와 자동차 내비게이션에서의 거리는 달라요. 두 곳의 위치는 똑같은데도 말이죠. 왜 그럴까요? 그건 바로 거리를 측정하는 방법이 다르기 때문이랍니다.

지도상에서의 거리 측정은 간단해요. 두 지점을 찍은 후 두 지점을 잇는 직선을 그립니다. 그 직선의 길이가 지도상에서의 거리예요. 내비게이션에서의 거리는 그렇지 않아요. 자동차가 실제로 이동해야 할 거리예요. 자동차는 도로를 따라서만 달릴 수 있어요. 두 지점을 잇는 직선처럼 반듯하게 달릴 수가 없죠. 내비게이션에서의 거리는 지도상에서의 거리보다 더 멀 수밖에 없어요.

거리는 공간에 따라 달라져요. 평면 같은 공간에서의 거리는 반듯한 직선의 길이예요. 하지만 지구처럼 둥글게 휘어 있는 공간에서의 거리는 두 지점을 잇는 곡선의 최소 길이가 돼요. 이 거리가 비행기로 이동할 때의 거리랍니다. 그래서 비행기 경로를 평면 지도에 표시하면 돌아가는 것처럼 보이기도 해요.

2부/ 시간과 공간

15 축척

지도의 축척이 크다는 건 어떤 의미일까?

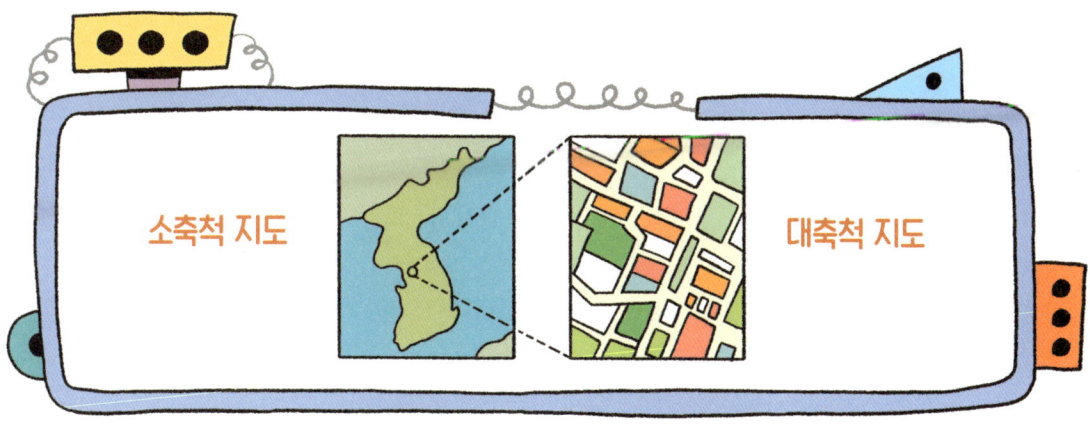

지도의 하단을 보면 반드시 축척이 표시되어 있어요. 축척은 '실제 거리를 어느 정도의 비율로 줄였느냐'를 말해요. 축척이 1:1000이라면, 실제 거리 1000센티미터를 지도에서 1센티미터로 줄인다는 뜻이에요. 축척의 '축'은, 축소한다는 말에서처럼 줄인다는 뜻이에요. '척'은 고대 동양에서 사용되던 길이의 단위였어요. 30센티미터 정도였죠. 길이의 기본 단위였기에 길이 자체를 뜻하기도 했어요. 그래서 축척은 길이를 줄인다는 뜻이에요.

축척이 더 크다는 것은 무슨 뜻일까요? 지도에 더 넓은 지역이 표현되는 거라고 생각하기 쉬워요. 하지만 실제로는 반대랍니다. 축척이 커지면 지도에 더 좁은 지역이 표현돼요. 더 좁은 지역을 상세하게 보여 주는 지도가 되는 거죠.

축척 1:1000을 하나의 수로 표현하면 1/1000(0.001)이에요.(축척은 분수로 표현되는 비율이에요.) 축척이 커진다는 것은 이 값이 더 커지는 거예요. 이 값이 더 커지려면 1:100(1/100) 또는 1:10(1/10)처럼 분모가 더 작아져야 해요. 1/100(0.01)이나 1/10(0.1)이 1/1000(0.001)보다 더 큰 값이니까요. 그러니까 축척이 커지면 1센티미터로 보여 줄 실제 거리가 더 작아지는 거예요. 지도에 표시되는 지역은 더 좁아지죠. 대신 그 지역이 그만큼 더 상세하게 그려져요.

2부 / 시간과 공간

16 메르카토르 도법

세계 지도에 함정이 있다고?

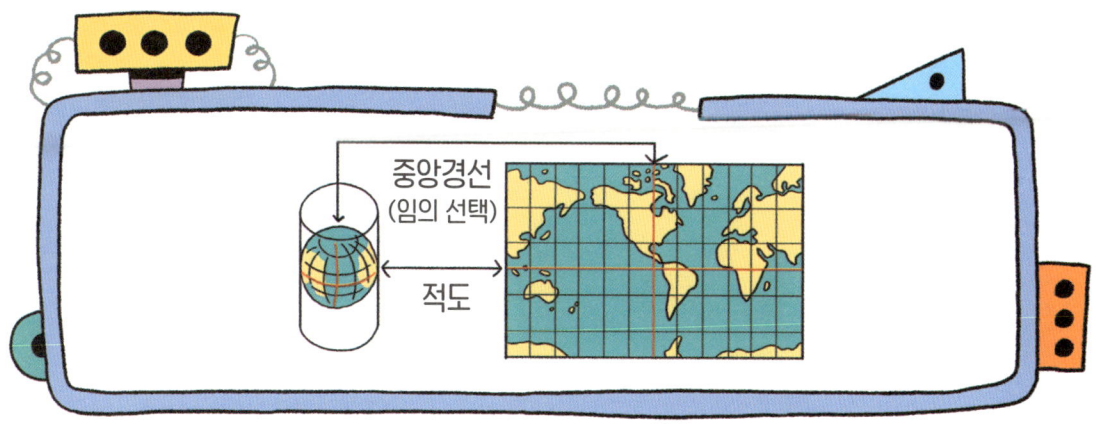

　지구는 공처럼 둥글고, 지도는 책상처럼 평평한 네모 모양이에요. 그래서 세계 지도를 그리는 건 무척 어려운 일이에요. 둥근 모양을 평면으로 나타내야 하니까요. 축구공이나 귤 껍질을 반듯하게 펴기 어려운 것과 같아요. 세계 지도를 그리려면 특별한 방법이 필요해요. 가장 많이 사용되는 게 '메르카토르 도법'이에요.

　메르카토르 도법은 16세기의 지리학자인 메르카토르가 세계 지도를 그리기 위해 생각해 낸 방법이에요. 먼저 지구를 원기둥 안에 넣어요. 지구 중심과 각 나라의 위도를 잇는 직선을 연장해서 원기둥과 만나도록 해요. 모든 나라에 대해서 그 작업이 끝나면 그걸 펼쳐요. 그러면 세계 지도가 만들어져요.

　그런데 이 도법에서는 큰 문제가 발생해요. 위도가 커질수록 실제보다 더 크게 그려져요. 이런 효과를 톡톡히 보는 곳이 그린란드예요. 이 도법에서는 모든 지역의 축척이 같지 않아요. 위도가 클수록 축척이 커져요. 적도에서의 축척이 1:100(1/100)이었다면 위도가 커질수록 100이 100보다 작은 수가 돼요. 위도가 45도인 곳에서의 축척은 약 1.4배 커져요. 위도 60도에서는 두 배, 80도에서는 여섯 배 정도로 커지고요.

3부
자연

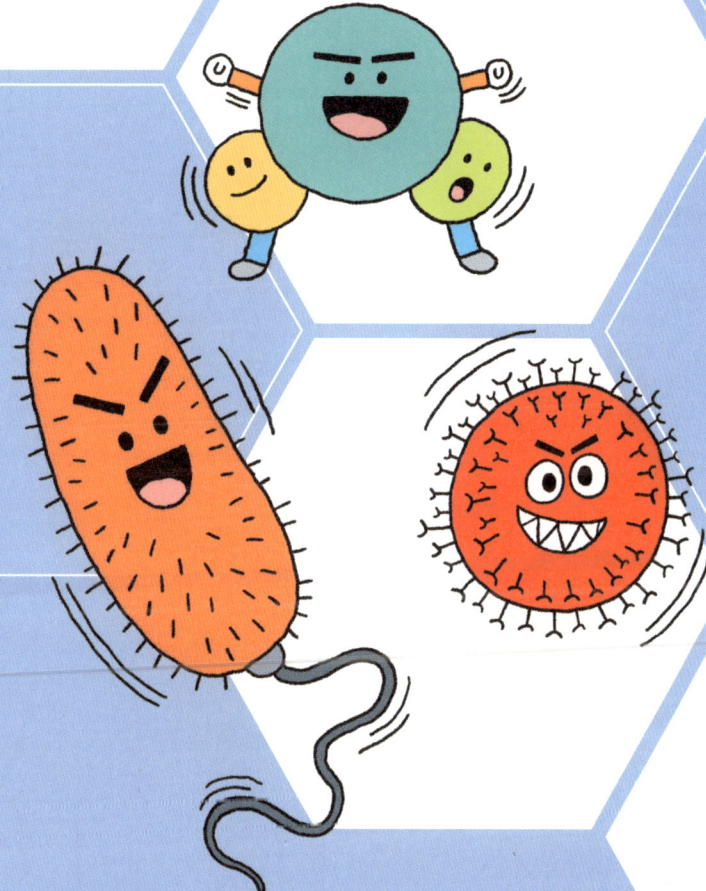

3부 / 자연

박테리아

박테리아와 바이러스는 뭐가 다를까?

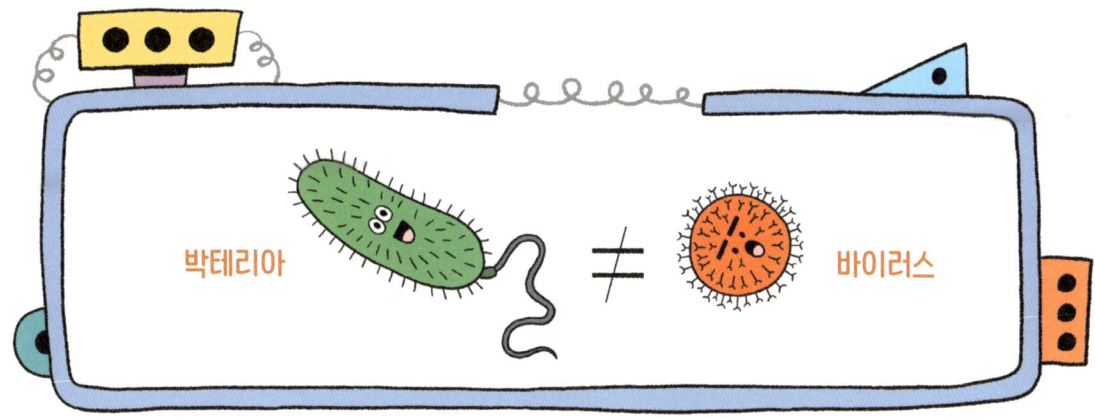

　박테리아와 바이러스의 차이를 알고 있나요? 박테리아는 최초의 생명체 중 하나로 여겨지는 가장 단순한 생물이에요. 세포 하나로 구성된 단세포 생물이죠. 그래도 홀로 생존할 수 있답니다. 박테리아는 가느다란 균이라는 뜻으로 '세균(細菌)'이라고도 불러요.

　반면, 바이러스는 온전한 생명체가 아니에요. 스스로 생존해 갈 수가 없어요. 그래서 바이러스가 택한 전략은 다른 생명체의 세포 속으로 들어가 살아가는 거예요. '기생'한다고 하죠. 그 과정에서 다른 생명체에 질병을 전염시켜요. 컴퓨터 바이러스처럼 다른 생명체의 정상적인 활동을 방해해요.

　바이러스는 박테리아보다 크기가 더 작아요. 다른 세포 속으로 들어가야 하니까 세포보다 더 작을 수밖에 없겠죠. 박테리아는 보통 1~5마이크로미터(μm)이고, 바이러스는 보통 20~300나노미터(nm)예요. 박테리아가 바이러스보다 수십에서 수백 배가 더 커요.

3부 / 자연

18 원소

쇳덩어리를 금덩어리로 바꿀 수 있을까?

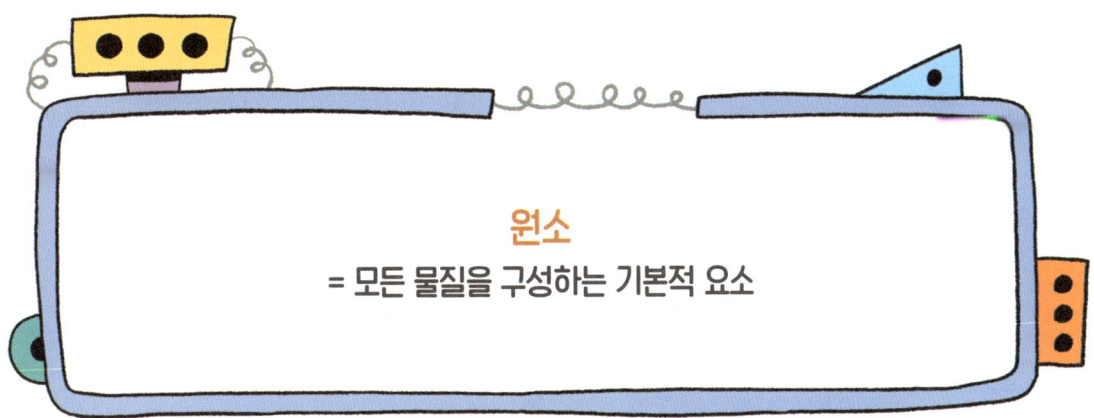

원소
= 모든 물질을 구성하는 기본적 요소

　이 세상에는 정말 다양한 물질이 존재해요. 나무, 설탕, 유리, 물, 공기…. 하지만 그 모든 물질을 만들어 내는 기본 요소는 몇 개로 정해져 있어요. 그 요소들이 결합해 다양한 물질을 만들어 내요. 그 기본 요소가 '원소'랍니다.

　원소의 한자는 으뜸 원(元), 바탕 소(素)예요. 으뜸이 되고 바탕이 된다는 뜻이죠. 원소의 '소'는 2, 3, 5 같은 소수(素數)의 '소'와 같아요. 30=2×3×5처럼 모든 수를 곱셈의 관점에서 쪼개면 결국 소수가 남듯이, 모든 물질을 쪼개면 결국 원소가 남아요. 더 이상 나눠지지 않는 바탕이라는 점에서 원소는 소수와 같아요.

　2025년 기준 원소의 종류는 118개예요. 이 우주는 118개의 물감으로 그려진 다채로운 그림 같은 거죠. 그런데 이 원소들 모두가 자연에 원래 있던 게 아니에요. 그중에는 인간이 만들어 낸 것도 많아요. 원소 번호 43번부터 118번까지의 원소들 대부분이 그래요. 놀랍죠!

　'핵반응'은 새로운 원소를 만들어 내는 주된 방법이에요. 원자핵을 다른 입자와 충돌시켜 다른 원자핵이나 입자로 변화시켜요. 그렇게 하면 원소를 다른 원소로도 바꿀 수 있어요. 납이나 철 등을 금으로 바꾸려 했던 연금술사들의 꿈을 과학으로 이뤄 낼 수 있는 거죠. 아직은 어마어마한 돈이 들어가서 그런 일을 벌이지 않지만, 원소를 쉽게 바꿀 수 있는 세상이 된다면 어떤 일이 벌어질까요?

3부 / 자연

원자 / 분자

원자와 분자 중 어느 게 더 클까?

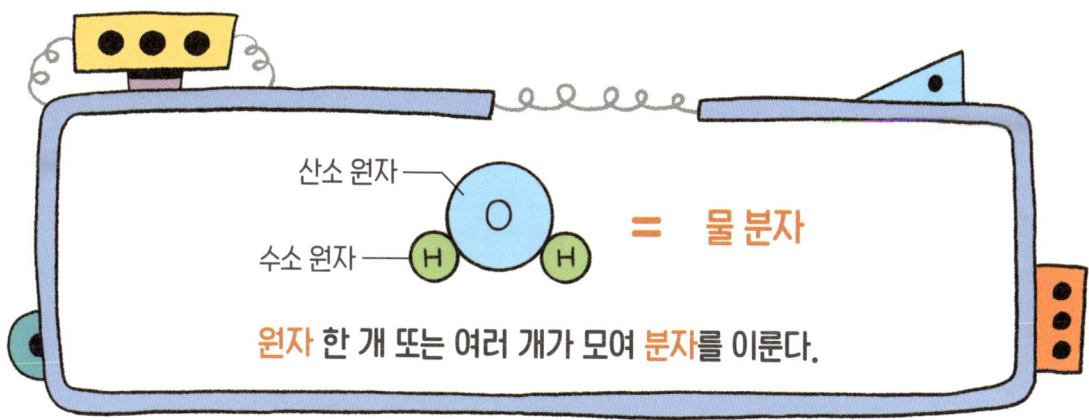

원자 한 개 또는 여러 개가 모여 분자를 이룬다.

원자와 분자, 참 헷갈려요. 어느 것이 더 먼저 만들어졌는지, 어느 게 더 큰지, 둘에는 어떤 차이가 있는지 알쏭달쏭해요. 그럴 때 2/3 같은 분수를 떠올려 보세요. 분수는 피자나 케이크처럼 온전한 하나를 여러 조각으로 나눈 부분을 나타내요. 그래서 '나눌 분(分)'이라는 한자를 써요.

분자의 분 역시 분수의 분처럼 나눌 분이에요. 어떤 물질을 아주 작게 나눠 놓은 조각에 해당해요. 하지만 그 물질의 성질을 여전히 지니고 있어요. 물이나 흙 같은 성질을 가진 가장 작은 조각 하나, 그게 분자예요.

그런데 화학적으로는 분자를 더 잘게 쪼갤 수 있어요. 물 분자를 쪼개면 산소 하나와 수소 두 개로 나뉘어요. 대신 이렇게 쪼개 버리면 '물'이라는 성질은 사라져요. 물과는 상관이 없어 보이는 산소와 수소만 남아요. 이 산소와 수소가 원자예요.

원자는 물질의 가장 작은 단위예요. 더 이상 쪼갤 수 없어요. 이 원자들이 결합해 분자가 돼요. 따라서 원자가 분자보다 더 먼저 만들어졌어요. 원자보다 원자들이 결합한 분자가 더 크고요.

3부 / 자연

기후

날씨와 기후의 차이는 뭘까?

기후
= 일정한 지역에서 여러 해에 걸쳐 나타난
기온, 비, 눈, 바람 따위의 평균 상태

열대 기후, 고온·다습한 기후, 온대 기후…. 기후는 대체로 지역의 위치에 따라 달라져요. 어느 한때가 아니라, 일 년 내내 보이는 날씨를 종합해서 부르는 말이 기후예요. 여러 해에 걸쳐 나타난 기온, 비, 바람 등의 평균적인 상태를 말해요. 통계적인 데이터를 바탕으로 하죠. 반면에 날씨는 그때그때의 상태예요. 오늘은 맑다거나 비가 온다거나 하는 일기 예보가 날씨를 말해 주죠.

기후는 기(氣)와 후(候)를 합친 말이에요. 기는 '24절기'라고 할 때의 기예요. 계절의 변화를 알 수 있도록 1년을 스물 네 개의 절기로 나눠 놓았죠. 절기 하나는 15일이에요. 절기에서 다음 절기의 간격이 15일인 거죠. 봄이 시작된다는 입춘, 밤이 가장 길다는 동지도 24절기에 속해요. 후는 15일인 절기를 세 개로 나눠 놓은 것으로, 5일 간격의 주기예요. 24절기에 3을 곱하면 1년은 72후가 돼요. 그러니까 기후는 15일 단위인 절기와 5일 단위인 후처럼 일정한 기간에 걸쳐 나타나는 기온, 비, 눈, 바람 따위의 대기 상태예요. 순간순간의 데이터라기보다는 일정한 기간의 통계에서 계산해 낸 평균값이죠. 그래서 날씨에는 변화가 많지만, 기후에는 큰 변화가 없어요.

3부 / 자연

21 영상/영하

영상과 영하를 나누는 기준이 있을까?

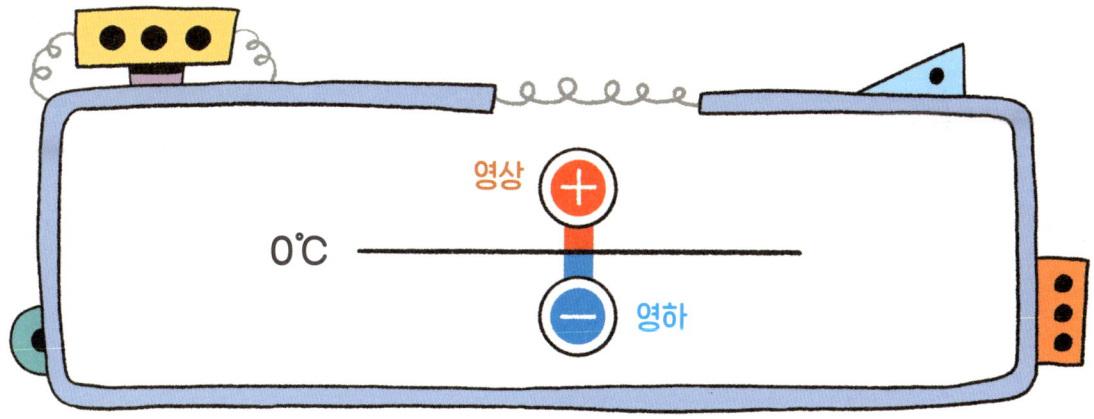

　겨울이 되면 영상과 영하라는 말을 번갈아 가며 자주 써요. 보통 봄, 여름, 가을에는 영하로 내려가지 않으니까요. 영상은 0도보다 높은 온도이고, 영하는 0도보다 낮은 온도예요. 기준이 0도인데, 물이 어는 온도를 말하죠.

　영상과 영하는 물의 상태를 기준으로 해요. 영상에서 물은 액체 상태로 있어요. 그러다 영하가 되면 얼어 버려요. 영상은 +, 영하는 -로 표시해요. 양수와 음수의 성질이 반대인 것처럼 영상과 영하에서 물은 그 상태가 달라져요.

　주위에 있는 다른 물질들을 살펴보세요. 물처럼 흔하면서 온도에 따라 상태가 변하는 물질이 있나요? 공기나 흙은 추울 때나 더울 때나 그 상태 자체가 달라지지는 않아요. 수은 같은 경우에는 온도에 따라 상태가 달라지기는 해요. 하지만 수은은 물처럼 흔하지도 않을 뿐더러 물과는 달리 독성이 있어요. 그래서 예전에는 온도계에 수은을 쓰기도 했지만 지금은 사용하지 않아요.

　영하에서 물이 얼어 버리는 성질은 어떤 물체를 오래 보관하는 데 활용돼요. 보통 오래 보관하는 음식은 냉동시켜요. 남극에 사는 어떤 동물들은 체액이 얼지 않게 하는 단백질을 만들어 낸다고 해요. 지구에 사는 동식물은 대체로 영하 20도에서 영상 50도의 범위에서 살아가고 있어요.

태양의 고도

하루 중 햇볕이 가장 강할 때는 언제일까?

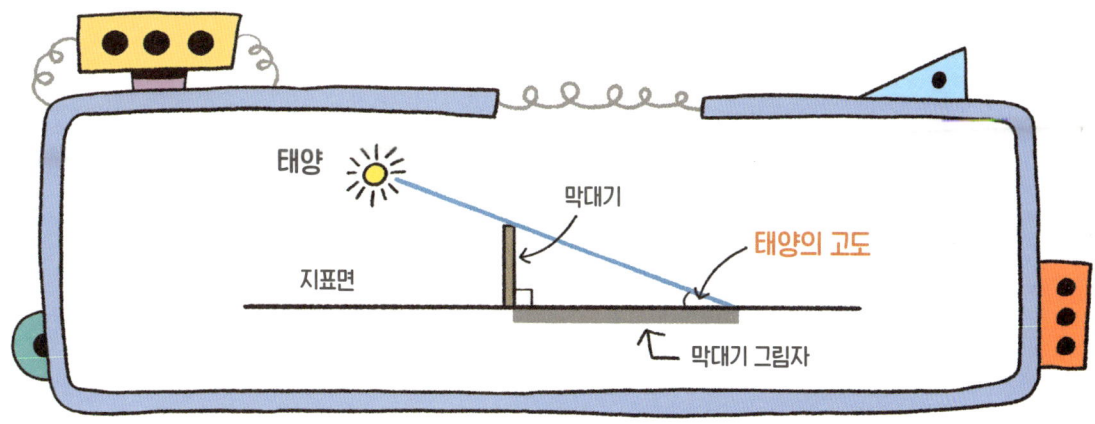

'고도(高度)'는 높은 정도라는 뜻이에요. 해발 고도는 해수면의 높이를 0으로 하여 잰 어떤 지점의 높이예요. 태양의 고도는 태양이 얼마나 높이 있는가를 말해요. 그럼, 지상에서 태양까지의 거리를 말하는 걸까요? 아니랍니다. 힌트를 드릴게요. 태양의 고도를 측정하는 이유는 햇볕이 얼마나 강하게 비추는지를 보기 위해서예요. 어느 때 햇볕이 강하게 비추나요? 경험적으로 보면 태양이 우리 머리 꼭대기 위에 있을 때 가장 강해요. 새벽이나 아침처럼 지평선에 가까이 있을수록 약하고요.

태양의 고도는 태양이 지표면과 이루는 각도를 말해요. 그 각도가 0이라면 태양이 지평선에 걸쳐 있어요. 그리고 90도에 가까울수록 태양은 우리 머리 꼭대기에 가까이 있어요.

태양의 고도를 쉽게 측정할 수 있는 방법이 있어요. 막대기 하나만 있으면 돼요. 땅에 막대기를 수직으로 세워 놓으면 그림자가 생겨요. 그림자의 끝과 막대기의 끝을 이어요. 그 선과 지표면이 이루는 각이 태양의 고도랍니다. 태양의 고도를 알면 그곳의 방위와 시간, 위도를 짐작할 수 있어요. 그래서 옛날에 항해를 할 때 태양의 고도가 꼭 필요했답니다.

3부 / 자연

23 가속도

속도와 가속도의 차이는 뭘까?

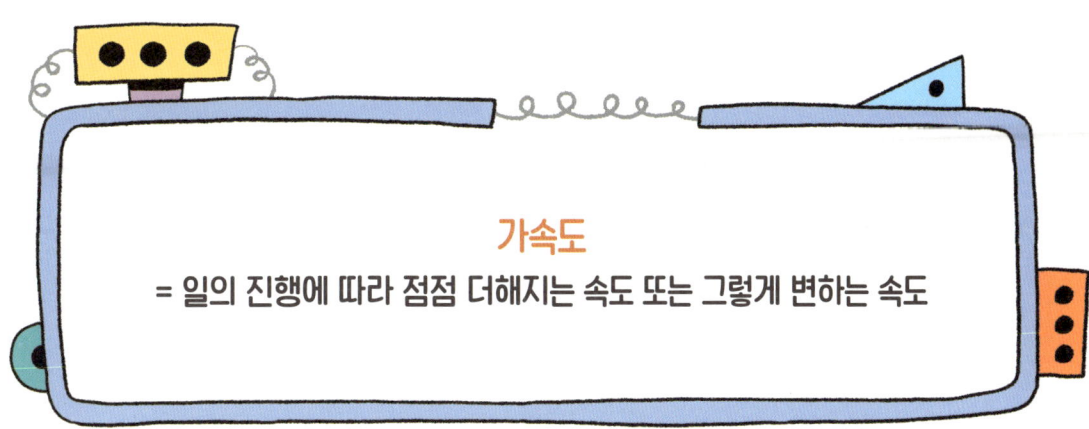

가속도
= 일의 진행에 따라 점점 더해지는 속도 또는 그렇게 변하는 속도

속도는 '물체가 나아가거나 일이 진행되는 빠르기'예요. 시속이 60킬로미터라는 건, 1시간에 60킬로미터를 이동한다는 뜻이에요. 빨리 움직일수록 속도는 더 높아져요. 가속도(加速度)는 속도 앞에 '더할 가(加)'가 붙었어요. 속도가 더해지는 정도라는 뜻이죠. 속도가 얼마나 더 빨라지고 있느냐를 말해요.

지금 속도가 5인데 초당 가속도가 1이면, 1초가 지날수록 속도가 1만큼 더 빨라진다는 뜻이에요. 1초 후는 6, 2초 후는 7이 돼요. 가속도가 크면, 속도의 변화도 커져요. 그래서 어떤 일이나 운동, 사업을 더 빨리 진행하려고 할 때 가속도를 내 보자고 말해요.

그런데 수에는 0과 음수도 있어요. 가속도가 0이면 속도 변화가 없어요. 가속도가 음수라면 시간이 갈수록 오히려 속도가 줄어들게 돼요. 수학적으로 말하자면 가속도를 낸다고 해서 반드시 빨라지는 건 아니에요. 가속도가 0이면 물체가 계속 같은 속도로 움직여요. 가속도가 0보다 크면 갈수록 더 빨리 움직이고, 0보다 작으면 갈수록 천천히 움직여요. 이런 변화가 왜 생길까요? 힘 때문이에요. 힘을 얼마나, 어떻게 받느냐에 따라 달라지죠.

멈춰 있는 자전거를 손으로 밀면서 걸어 보세요. 내 걸음이 빨라질수록 자전거도 빨라져요. 그러다가 손을 놓으면 가속도가 0이 돼요. 원래는 속도가 변하지 않아야 하지만, 공기 저항으로 인해 서서히 느려져요.

3부 / 자연

24 매직 넘버

스포츠 경기에서는 왜 '매직 넘버'라는 말을 쓸까?

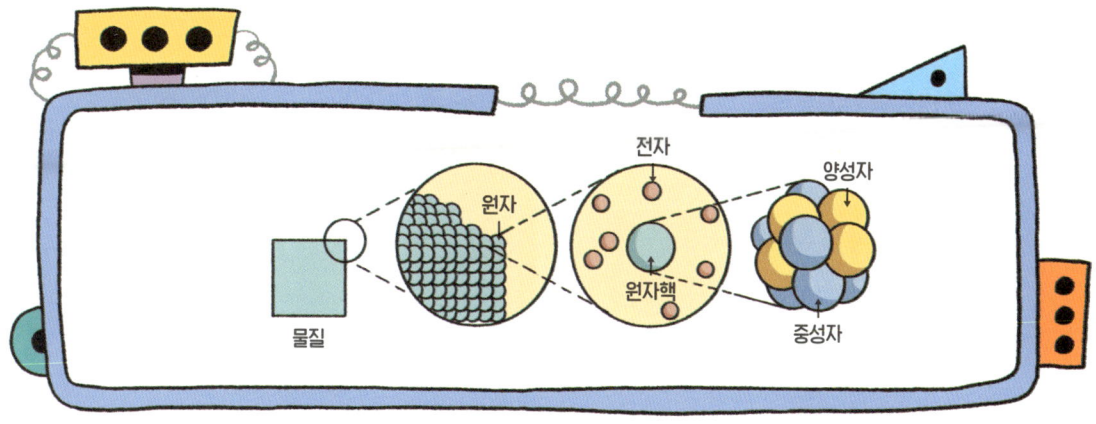

'매직 넘버'라는 말은 스포츠 경기에서 종종 사용돼요. 승리하기 위해 필요한 점수 또는 우승하기 위해 필요한 승리의 횟수를 말하죠. 그 수만 채우면 승리하거나 우승컵을 거머쥐게 돼요.

원래 매직 넘버라는 말은 과학에서 만들어졌어요. 과학은 모든 물질이 원자로 이루어져 있다고 설명해요. 그 원자는 다시 원자핵과 전자로 이루어져 있어요. 그런데 과학자들이 관찰해 보니까 원자핵이 안정적인 상태를 유지하게 되는 때가 있었어요. 원자핵 안에 있는 양성자나 중성자가 특정 개수에 이를 때였는데, 그 개수는 2, 8, 20, 28, 50, 126, 184였어요. 이런 수일 때 원자핵은 마법처럼 안정적인 상태를 보였어요. 그래서 과학자들은 이 수를 '매직 넘버(magic number)'라고 불렀어요.

매직 넘버는 원하는 어떤 상태에 이르기 위해 필요한 수예요. 꼭 스포츠 경기가 아니더라도 다양한 상황에서 써먹을 수 있어요. 생일이 되기까지 남은 일수, 다이어트 목표치에 도달하기 위해 빼야 할 몸무게도 매직 넘버가 될 수 있죠. 매직 넘버의 종류는 더 많아지고, 그 수는 더 작아지면 좋겠네요. 그렇게 되면 여기저기에서 더 많은 '매직'이 일어날 테니까요.

4부
기술

4부 / 기술

25 디지털

디지털 방식과 아날로그 방식의 차이는 뭘까?

요즘에는 '12:30'처럼 시간이 숫자로 표시되는 시계가 많아요. 분이나 초 단위로 숫자가 바뀌죠. 시각을 바로 알 수 있는 디지털시계예요. 디지털시계가 나오기 전에는 시곗바늘이 연속으로 움직이며 돌아가던 시계만 있었어요. 시침, 분침, 초침의 위치를 통해 시각을 읽어 내야 하는 아날로그 방식의 시계였죠.

종이에 자기 모습을 연필로 그려 본다고 생각해 보세요. 그 그림은 연필의 선으로 표현될 거예요. 그 선처럼 우리가 생활에서 접하는 이미지나 소리는 연속으로 이어져 있어요. 각 부분의 정보를 정확히 구분하기가 어려워요. 정보를 가공하기도 어렵죠. 그런데 컴퓨터는 소리나 이미지 정보를 잘게 쪼개서 각 부분을 수로 바꿔요. 그 숫자 데이터들을 조합해서 소리나 이미지를 만들어 내요. 이런 방식이 디지털이에요. 숫자를 더하거나 빼서 정보를 가공하기도 쉬워요.

'디지털(digital)'은 손가락이나 발가락을 뜻하는 영어 단어 'digit'에서 만들어진 말이에요. 수를 처음 익힐 때를 생각해 보세요. 손가락을 꼽으면서 수를 세지 않나요? 디지털은 곧 수나 숫자를 뜻해요. 그래서 정보를 숫자로 표현하는 방식을 '디지털'이라고 해요. 컴퓨터는 모든 정보를 0과 1로 표현해요. 서로 다른 색깔이나 소리 등의 정보를 01001101과 같은 서로 다른 수열(일정한 규칙에 따라 한 줄로 배열된 수의 열)로 표현하죠. 디지털 제품에는 이런 컴퓨터가 내장되어 있어요.

26 컴퓨터

컴퓨터는 원래 사람이었다고?

4부/ 기술

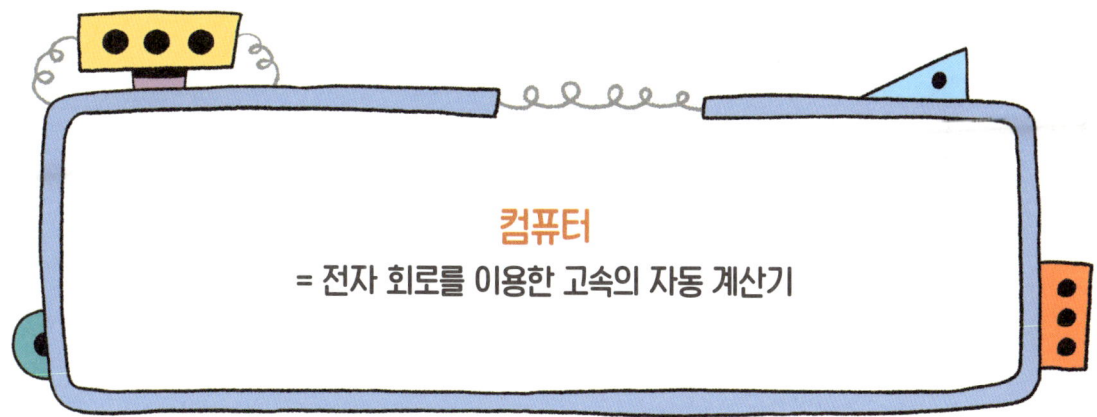

컴퓨터
= 전자 회로를 이용한 고속의 자동 계산기

컴퓨터가 워낙 다양한 일을 해내다 보니, 한마디로 무엇을 하는 기계라고 말하기가 어려워요. 컴퓨터는 사실 '계산기'랍니다. 전자 회로를 이용하여 정보를 처리하는 계산 기계예요. 그런데 컴퓨터는 원래 사람이었답니다. 처음에는 계산을 전문적으로 하는 사람을 컴퓨터라고 불렀어요.

컴퓨터라는 말이 처음 등장한 것은 1613년이에요. 굉장히 오래 전이죠? 영국의 작가 리처드 브레스웨이트가 그의 책에서 계산을 전문적으로 하는 사람을 컴퓨터라고 했어요. 그러다가 20세기 이후 계산을 전문적으로 하는 기계가 등장하자 그 기계를 컴퓨터라고 부르게 되었죠. 이제는 사람을 컴퓨터라고 하지 않아요.

보통 계산이라고 하면 더하고 빼는 단순한 작업을 떠올려요. 창의성과는 무관해 보여요. 하지만 계산기인 컴퓨터가 해내는 일을 보세요. 사람과 대화하면서 질문에 답하고, 언어를 번역하고, 그림을 그리고, 글도 써요. 창의적이라 할 만한 일을 계산으로 다 해내요. 그러니 계산을 결코 우습게 봐서는 안 되겠죠?

4부 / 기술

27 알고리즘

컵라면 조리에도 알고리즘이 필요하다고?

컴퓨터와 인공지능이 발전하면서 '알고리즘'이란 말을 자주 써요. 알고리즘은 '어떤 문제를 해결하기 위해 정해진 일련의 절차나 방법'이에요. 컵라면을 조리하는 방법, 레고를 조립해 로봇을 만들어 가는 절차, 키오스크로 음료를 주문하는 과정도 알고리즘이라고 할 수 있어요.

알고리즘이란 말은 원래 수학에서 등장했어요. 9세기경에 활동했던 아라비아의 수학자 알콰리즈미의 이름에서 만들어졌죠. 그는 '3×□-5=4' 같은 문제를 풀어내는 절차를 소개했는데, 그 후 사람들은 수학 문제를 풀어내는 계산법이나 공식 등을 알고리즘이라고 불렀어요. 이제는 컴퓨터 프로그래밍 관련해서 많이 사용하죠.

알고리즘은 참 신기해요. 과정 하나하나는 아주 단순해요. 그런데 그 과정들을 거치고 나면 문제가 풀려요. 알고리즘 덕분에 상상만 하던 일들이 현실이 되고 있어요. 인공지능은 알고리즘을 이용해 각 나라의 언어를 번역하고, 자동차가 스스로 길을 찾아가게 도와주고, 글만 입력해도 그림이나 영상을 만들어 줘요. 이런 놀라운 기술의 바탕에는 모두 알고리즘이 있답니다. 그런데 이런 알고리즘 기술도 처음부터 이렇게 대단했던 건 아니에요. 예전에는 사람이 알고리즘을 짜서 컴퓨터에 입력해 줘야만 문제를 해결할 수 있있어요. 하지만 요즘은 인공지능이 스스로 알고리즘을 만들어 문제를 빠르게 해결하고 있어요.

4부 / 기술

28 반도체

컴퓨터에 반도체가 필요한 이유는 뭘까?

　반도체는 컴퓨터나 자율주행차 같은 기계에 꼭 필요한 부품이에요. 반도체는 인간의 뇌와 같은 역할을 해요. 뇌는 주위로부터 정보를 수집해서 판단한 후 명령을 내려요. 사람이 어떤 행동을 하도록 하죠. 반도체도 온도나 색깔 등 다양한 정보를 전기 신호로 받아들여요. 그리고 그 정보를 처리해 규칙에 따라 기계가 작동하게 해요. 여러 나라와 기업들은 성능이 더 좋은 반도체를 만들기 위해 안간힘을 쓰고 있어요.

　'반도체(半導體)'의 한자를 보면, '반'은 절반 또는 1/2을 뜻하는 반이에요. 반도체는 절반이 도체인 물질이란 뜻이에요. '도체(導體)'는 전선처럼 전기를 통하게 하는 물체예요. '부도체(不導體)'는 도체가 아닌 물체로, 나무처럼 전기가 통하지 않아요. 반도체는 전기가 통하기도 하고 안 통하기도 해요. 조건에 따라 도체가 되기도 하고, 부도체가 되기도 하죠. 그래서 '반도체'라고 불러요.

　컴퓨터에 반도체를 사용하는 이유가 있어요. 반도체는 두 가지 종류의 신호를 보낼 수가 있어요. 전기를 보내거나 안 보내거나! '수'로 말하면 0 아니면 1이에요. 이 성질이 모든 정보를 수로 표현해야 하는 컴퓨터에 딱 맞아요. 반도체 덕분에 지금의 컴퓨터가 만들어질 수 있었어요. 반도체는 이것도 저것도 아닌 물질이 아니라, 이것도 되고 저것도 될 수 있는 신비한 물질이에요.

4부/ 기술

화소

사람의 시력을 카메라 화소로 나타낸다면?

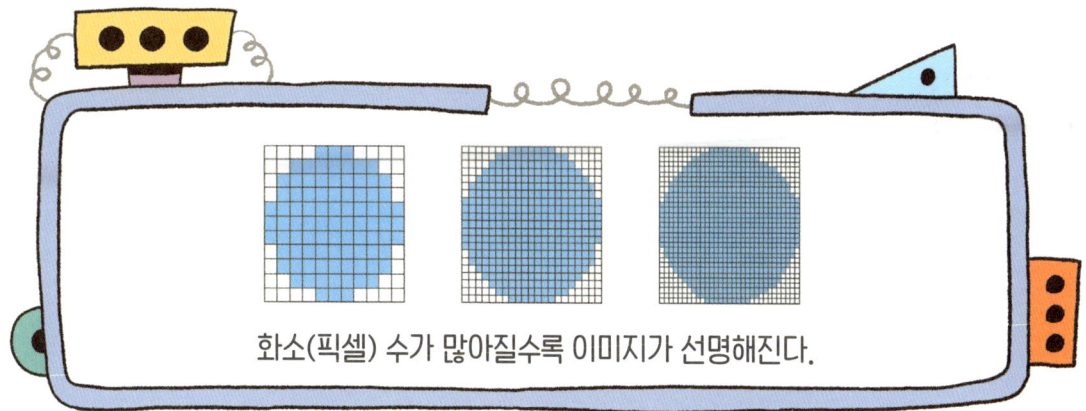

화소(픽셀) 수가 많아질수록 이미지가 선명해진다.

　텔레비전이나 스마트폰의 이미지들은 작은 정사각형으로 나뉘어 있어요. 정사각형 하나가 화소예요. 이미지를 구성하는 최소 단위죠. 이 정사각형들의 이미지가 모여서 전체 이미지를 만들어요. 영어로는 '픽셀(pixel)'이라고 해요. '그림의 근본 요소'라는 의미가 담겨 있죠.

　이미지의 선명함은 화소 수에 달려 있어요. 화소 수가 많으면 화소 하나의 크기가 작아요. 가늘고 섬세한 붓으로 그림을 그리는 것과 같아요. 화소 수가 적으면 화소 하나의 크기가 더 커요. 그만큼 이미지는 덜 선명해져요. 화소 수는 보통 '16320×12240'처럼 가로 픽셀의 수 곱하기 세로 픽셀의 수로 표시돼요. 그 결괏값이 총 화소 수예요.

　사람의 눈에도 화소가 있는 셈이에요. 눈의 세포가 그 역할을 한답니다. 각 세포가 포착한 이미지 정보를 뇌가 종합해서 전체 이미지를 구성해요. 눈에는 약 1억 2천만 개의 세포가 있는데, 카메라 성능으로 따지자면 약 5억 화소에 해당한다고 해요. 엄청난 고화질 카메라인 셈이죠.

4부 / 기술

30 해상도

화면이 선명한 정도는 어떻게 표현할까?

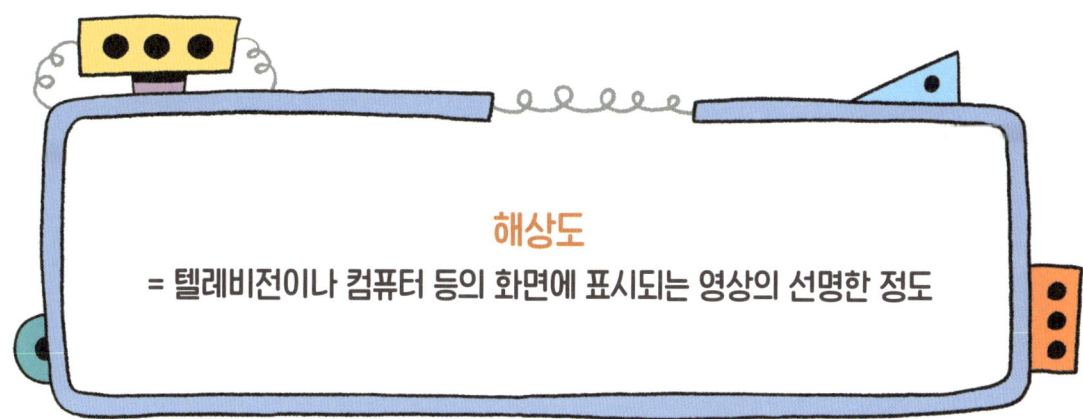

해상도
= 텔레비전이나 컴퓨터 등의 화면에 표시되는 영상의 선명한 정도

해상도가 HD니, 4K니 이런 말 많이 들어 봤죠? 해상도는 보통 화면을 구성하고 있는 픽셀(화소)의 수로 표현돼요. 예를 들어, 동영상에 많이 사용되는 4K 해상도는 '3840×2160(8,294,400)'이에요. 화면을 가로 3840개, 세로 2160개의 픽셀로 표시한다는 뜻이에요. 가로 픽셀의 수가 4000에 가까워 4K라고 불러요.

그런데 픽셀 수가 많다고 해서 반드시 화면이 선명한 것은 아니에요. 화면의 크기에 따라 선명한 정도가 달라져요. 그래서 등장한 게 'ppi'랍니다. ppi는 1인치 당 픽셀 수를 말해요. 1인치에 픽셀이 몇 개 들어 있느냐를 보여 주는 거죠. ppi가 높다는 것은 1인치에 픽셀 수가 더 많은 거예요. 그만큼 화면이 더 선명해요.

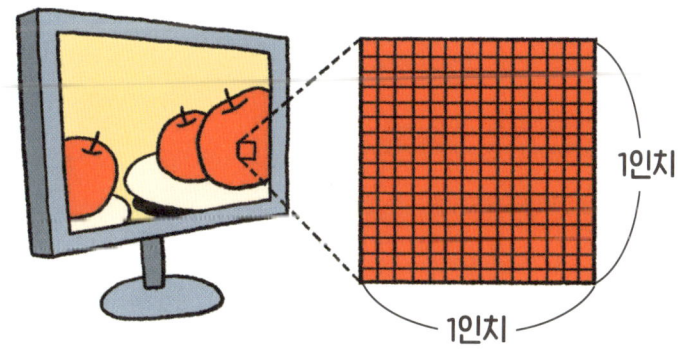

5부

우주

5부 / 우주

31 가설

검증할 수 없으면 과학적 가설이 아니라고?

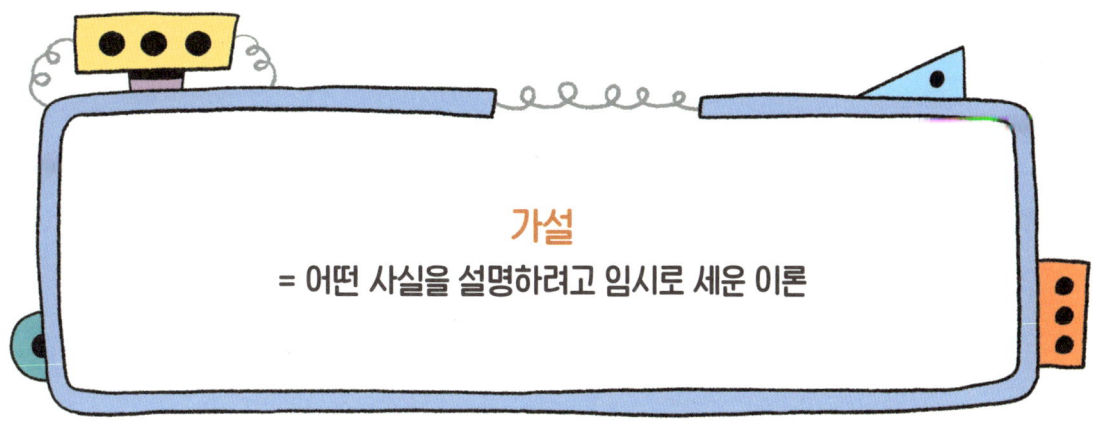

가설
= 어떤 사실을 설명하려고 임시로 세운 이론

신이 존재한다, 시간 여행이 가능하다, 우주는 대폭발로 시작되었다(빅뱅 이론)…. 가설을 통해 우리의 상상력은 우주를 넘고, 죽음을 넘고, 시간마저도 훌쩍 넘어서요. 가설(假說)의 '가(假)'는 가건물이나 가분수의 '가'예요. '임시의'라는 뜻이죠. 가설은 아직 참인지 거짓인지 밝혀지지 않은 임시의 이야기예요.

신이 있다는 가설은 검증할 수가 없어요. 사후 세계가 있다는 가설도 마찬가지예요. 과학과 수학에서의 가설은 이런 가설들과 다르답니다. 과학과 수학의 가설은 검증될 수 있어야 해요. 과학의 가설은 실험이나 경험을 통해, 수학의 가설은 논리를 통해! 따라서 신이나 사후 세계 같은 가설은 과학이나 수학에서 가설로 다뤄지지 않아요.

빅뱅 이론은 가설로 제시되었지만 상당히 많은 데이터를 통해 검증이 되었어요. 그래서 이론으로 인정받고 있죠. 과학에서는 가설을 제시하는 것조차 쉽지 않아요. 검증 가능해야 하므로 과학적 사실을 기반으로 해야 하거든요. 과학적인 가설을 제시할 수 있다는 것 자체가 대단한 능력이랍니다.

32 공간

5부 / 우주

비어 보이는 공간에도 사실 무언가 있다고?

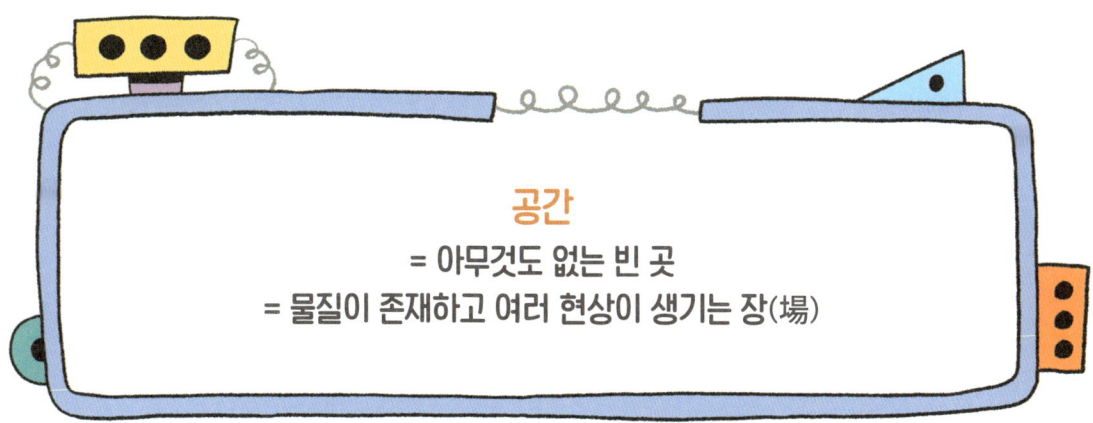

공간
= 아무것도 없는 빈 곳
= 물질이 존재하고 여러 현상이 생기는 장(場)

공간(空間)은 기본적으로 아무것도 없는 텅 빈 곳이에요. 하지만 '이 공간 참 아름답다'라고 말하는 것처럼, 이런저런 것들로 차 있는 일정한 영역도 공간이라고 해요. 우주 공간이라고 하면 우주 전부를 뜻할 수도 있고, 우주에 있는 비어 있는 공간을 뜻할 수도 있어요.

예전에는 공간을 아무것도 없는 곳이라고 생각했어요. 눈에 보이는 게 없으니 텅 비어 있다고 여겼던 거죠. 과학은 텅 비어 있는 줄 알았던 공간을 달리 보게 했어요. 그 공간에 기체가 존재하기도 한다는 것을 발견했죠. 눈에 보이지 않는 기체가 있었던 거예요.

현대 과학은 여기서 더 나아갔어요. 기체마저도 없는 빈 공간에 무언가가 있다는 걸 밝혀냈죠. 아무것도 없어 보여도 실제로는 '양자'라고 불리는 아주 작은 에너지들이 요동치고 있다고 해요. 텅 비어 있는 줄 알았던 공간이 사실은 뭔가로 가득 차 있는 거죠. 그럼 진짜 아무것도 없는 텅 빈 공간은 없는 걸까요?

5부/ 우주

차원

3차원과 4차원 말고 3.5차원도 있을까?

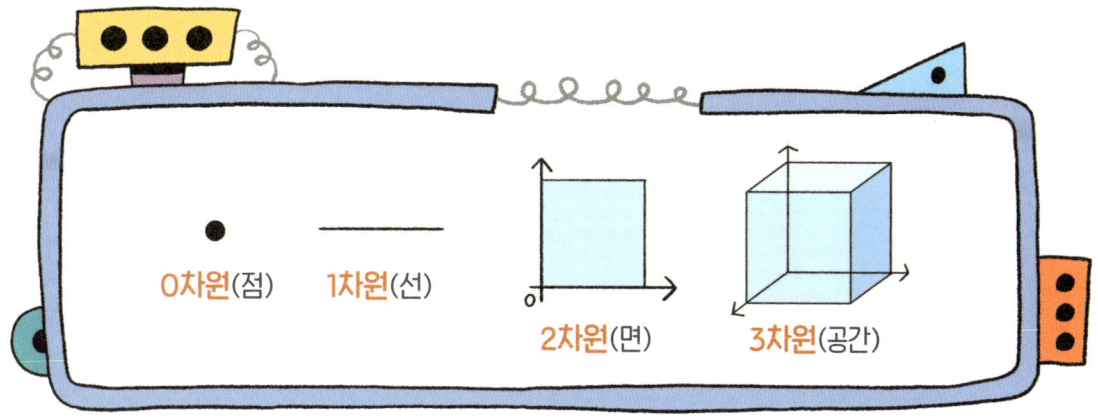

아인슈타인처럼 수준이 탁월하게 높은 사람을 '차원이 다른 사람'이라고 해요. '차원'이라는 말은 원래 과학이나 수학에서 비롯된 말이에요. 어떤 점의 위치를 표현하는 데 필요한 수의 최소 개수를 말해요.

한 줄로 서 있는 사람들은 수 하나로 구분할 수 있어요. 1번부터 차례차례 부르면 돼요. 1차원이에요. 영화관 같은 공간의 좌석은 5행 7열처럼 두 개의 수로 표현돼요. 2차원이에요. 차원이 커지면 그 사물을 바라보는 관점이 더 많아져요. 새로운 관점이 더해지는 거예요. 그만큼 더 다양하고 복잡하게 생각할 수 있어요. 그래서 수준이 높은 사람을 차원이 높은 사람이라고 말해요.

우리는 3차원 공간에서 살아가요. 앞뒤로도, 좌우로도, 위아래로도 움직일 수 있죠. 그런데 아인슈타인은 우리가 4차원 시공간에서 산다는 것을 밝혀냈어요. 시간을 공간과 연결 지은 거예요. 시간과 공간을 완전히 다르게 봤던 이전 사람들과는 달랐죠. 차원 높은 아이디어였어요.

3, 4와 같은 자연수 말고 3.5 같은 소수 차원도 가능할까요? 우리는 이렇게 차원이 다른 생각을 해 봐야 해요. 그런데 어쩌죠. 수학에서는 이미 소수 차원을 쓰고 있어요. 그렇다면 −4차원 같은 음수 차원을 생각해 보는 건 어떨까요?

5부/ 우주

34 블랙홀

블랙홀에 빨려 들어가면 어떻게 될까?

너 오늘 학원 안 갔더라. 왜 안 갔어?

응. 내가 블랙홀에 빠져 버렸거든.

게임했구나? 게임에서 빠져나오는 화이트홀 같은 건 없니?

엄마. 화이트홀은 아직 과학계에서도 발견이 안 됐어. 그래서 못 빠져나와.

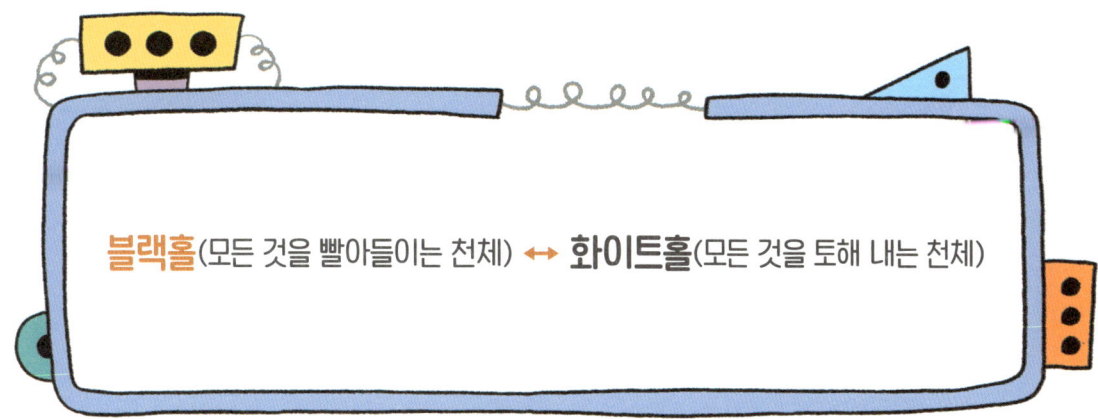

블랙홀(모든 것을 빨아들이는 천체) ↔ **화이트홀**(모든 것을 토해 내는 천체)

　블랙홀은 '검은 구멍'이라는 뜻의 천체예요. 까맣게 아무것도 보이지 않아서 '블랙(black)', 구멍이어서 '홀(hole)'이죠. 과학적인 상상력을 기반으로 한 SF(공상 과학 소설)에서 블랙홀은 자주 등장해요.

　블랙홀은 중력이 너무 강해 모든 것을 엄청난 힘으로 잡아당겨요. 블랙홀에 빨려 들어간 물체는 처음에 길게 늘어나다가 작은 입자 수준으로 완전히 분해되어 버린다고 해요. 시간마저도 늘어나 밖에서 보면 시간이 멈춘 듯 느껴질 정도라고 해요. 일반적인 공간과는 전혀 다른 일이 그 안에서 벌어져요. 그래서 블랙홀의 경계에 '사건의 지평선'이라는 신비로운 이름까지 붙여 줬어요. 2019년에 블랙홀 사진이 공개되어 크게 화제가 된 적이 있어요. 사실은 블랙홀 자체를 찍은 게 아니라, 블랙홀을 감싸고 있는 빛을 찍은 사진이었어요.

　블랙홀이 등장하자 그 반대 개념으로 상상된 천체가 '화이트홀'이에요. 그래서 이름에 블랙의 반대인 화이트(white)가 붙었어요. 화이트홀은 모든 것을 토해 내는 천체예요. 그리고 블랙홀과 화이트홀을 연결해 놓은 게 '웜홀'이에요. 웜홀을 이용하면 먼 우주를 순식간에 여행할 수 있을 거라고 과학자들은 추측해요. 그러나 화이트홀도 웜홀도 아직 발견되지 않았어요. 과연 상상이 현실이 될까요?

5부/ 우주

35 평행 우주

또 다른 내가 살고 있는 평행 우주가 정말 있을까?

평행 우주는 우리가 살아가는 우주와는 독립적으로 존재하는 다른 우주를 말해요. 너무나 독립적이어서 우리는 그 세계를 보거나 경험할 수 없어요. 우리는 종종 지금의 나와 다른 또 다른 나를 상상해요. '내가 올해 그 친구와 같은 반이 되었다면 어땠을까?'와 같은 상상을 하곤 하죠. 우주에는 그 친구와 같은 반이 된 또 다른 내가 살고 있는 평행 우주가 존재할 수 있어요. 하지만 우리는 그 우주를 상상만 할 뿐 경험할 수 없어요.

상상 속의 평행 우주가 정말로 있냐고요? 아직 발견된 것은 아니에요. 하지만 평행 우주 이론은 과학계에서 제시된 이론이에요. 1950년대 양자역학 분야에서 여러 개의 우주가 존재할 가능성이 제시되었어요. 이후 SF 작가나 과학자들이 그렇게 존재할 수 있는 우주를 평행 우주라고 부르기 시작했죠. 그러다 다른 과학 분야에서도 평행 우주가 존재할 가능성을 제시했고요.

왜 '평행 우주'라는 이름이 붙었을까요? '평행'에는 '두 개의 직선이나 평면이 나란히 있어 아무리 연장해도 만나지 않음'이라는 수학적 의미가 있어요. 평행한 두 개의 직선은 서로 영원히 만나지 않아요. 평행 우주는 이런 평행의 수학적 의미를 잘 활용한 이름이에요. 영원히 만날 수 없는 두 개의 평행선처럼, 만날 수 없는 또 다른 내가 살고 있는 우주이기 때문이죠. 그런데 만약 과학 기술이 발달해 평행 우주에 가 볼 수 있게 된다면? 그럼 만날 수 없는 게 아니니까 더 이상 '평행 우주'가 아니겠네요.

컵라면에도 알고리즘이 필요하다고?
세상을 바꾼 과학 용어 사전

2025년 11월 10일 1판 1쇄

글쓴이	김용관
그린이	이창우
편집	최일주, 이혜정, 홍연진
디자인	이아진
제작	박홍기
마케팅	양현범, 이장열, 장현아
홍보	조민희
인쇄	코리아피앤피
제책	J&D바인텍
펴낸이	강맑실
펴낸곳	(주)사계절출판사
등록	제406-2003-034호
주소	(우)10881 경기도 파주시 회동길 252
전화	031)955-8588, 8558
전송	마케팅부 031)955-8595, 편집부 031)955-8596
홈페이지	www.sakyejul.net
전자우편	skj@sakyejul.com
페이스북	facebook.com/sakyejulkid
인스타그램	instagram.com/sakyejulkid
블로그	blog.naver.com/skjmail

ⓒ 김용관, 이창우 2025

값은 뒤표지에 적혀 있습니다. 잘못 만든 책은 구입하신 서점에서 바꾸어 드립니다.
사계절출판사는 성장의 의미를 생각합니다. 사계절출판사는 독자 여러분의 의견에 늘 귀 기울이고 있습니다.

이 책은 저작권법에 따라 보호받는 저작물이므로 무단 전재와 복제를 금합니다.

ISBN 979-11-6981-395-2 73400
ISBN 979-11-6981-159-9(세트)